Horst Jesse

Reise-Impressionen aus Europa

Literareon

FSC

Mix
Produktgruppe aus vorbildlich
bewirtschafteten Wäldern,
kontrollierten Herkünften und
Recyclingholz oder -fasern

Zert.-Nr. GFA-COC-1229
www.fsc.org
© 1996 Forest Stewardship Council

„Dieses Softcover wurde
auf FSC-zertifiziertem
Papier gedruckt. FSC (Forest
Stewardship Council)
ist eine nichtstaatliche,
g e m e i n n ü t z i g e
Organisation, die sich
für eine ökologische und
sozialverantwortliche
Nutzung der Wälder
unserer Erde einsetzt."

Bibliografische Information der Deutschen Nationalbibliothek:
Die Deutsche Nationalbibliothek verzeichnet diese Publikation in der
Deutschen Nationalbibliografie. Detaillierte bibliografische Daten sind
im Internet über http://dnb.d-nb.de abrufbar.

Gestaltung und Satz: Martin Heise
Fotografien: Horst Jesse
Titelbild: Blick vom Balluta Bay auf Malta

Printed in Germany
Literareon im Herbert Utz Verlag GmbH
Tel. 089 – 30 77 96 93 | www.literareon.de

ISBN 978-3-8316-1335-9

Inhalt

München

Seit über einem halben Jahr wurden alle Deutschen durch Rundfunk, Presse und Medien intensiv auf die in Deutschland stattfindende Fußballweltmeisterschaft eingestimmt. Der Slogan: »Die Welt zu Gast bei Freunden« war an jeder Plakatwand zu sehen. Ja, die T-Shirts mit den fünf Olympischen Ringen, aus denen lustig dreinschauende Gesichter blickten,

wurden von Jung und Alt getragen. Selbst Gedenkmünzen zur Fußballweltmeisterschaft wurden geprägt.

Fast jede Sportsendung wurde mit der legendären Rundfunkübertragung eingeleitet, als Deutschland gegen Ungarn die Fußballweltmeisterschaft mit 3 zu 2 in Bern 1954 gewann. Aus dem Rundfunk ertönten auch 2006 die legendären Worte des Reporters: »Rahn wird angespielt. Er treibt den Ball und schießt dann aufs Tor. – »Tor, Tor, Tor! Noch fünf Minuten bis zum Spielende. Das Spiel ist aus. Deutschland ist Weltmeister!« Damit war der Mythos von Bern für Deutschland geschaffen. Er wurde 2006 wachgerufen, um die Deutschen für die Fußballweltmeisterschaft im eigenen Land zu begeistern und um die deutsche Fußballnationalelf, der nicht viel zugetraut wurde, anzustacheln, daheim die Fußballweltmeisterschaft zu gewinnen. »Deutschland hat ein Ziel«, lautete es nun.

Sportereignisse sind etwas Besonderes und wecken die Kampfinteressen und auch nationale Gefühle. Vor allem dann, wenn es um das eigene Prestige geht. »Die deutsche Nationalmannschaft ist die beste«, sagten die Sportfans untereinander und bekämpften damit jeden aufkommenden Zweifel. Sie rechneten sich vor, dass die deutsche Nationalmannschaft in der Vorrunde Gruppenerster werde. Sie hofften, in den folgenden Spielen nicht gegen England, Brasilien und Italien spielen zu müssen, um ins Endspiel zu gelangen. Denn dann werde Deutschland Weltmeister. Wer anderer Meinung war, dem wurde entgegengehalten: »Du kein Deutscher.« Selbst die Medien suggerierten ihren Lesern, ihren Hörern und Zuschauern: »Die ganze Welt blickt auf Deutschland.« Aufgrund dieser massiven Werbung meinten nun die Deutschen, sie seien für fünf Wochen 2006 der Mittelpunkt der Welt. Probleme aus Politik, Wirtschaft und Gesellschaft waren in den Hintergrund getreten. Nur noch König Fußball und Kaiser Franz an der Spitze beherrschten die Gemüter der Deutschen. Ja, selbst die Boulevardzeitungen titelten als wichtigstes Ereignis: »Ballacks Wade macht Probleme«. Die Fernsehsender warben um gute Laune für die Fußballweltmeisterschafts-Spiele. Die anreisenden Fußballmannschaften wurden in den einzelnen Städten, in denen sie ihr Quartier bezogen hatten, wie Staatsgäste mit Musik empfangen, und in den Tages- und Lokalzeitungen wurde ausführlich darüber berichtet.

Der Slogan »Die Welt zu Gast bei Freunden« verpflichtete. Aus diesem Grund wurden die Sicherheitsvorkehrungen angesichts der Terrorgefahr und der Terroranschläge verbessert, um einen Terroranschlag wie bei den Olympischen Spielen in München 1974 zu vermeiden. Dies geschah so unauffällig, dass es nicht auffiel. Die durch die Innenstadt patrouillierenden deutschen und ausländischen Polizisten wurden kaum wahrgenommen. Es war gut, dass alle Innenminister der deutschen Bundesländer zusammenarbeiteten, und eine erhöhte Sicherheitsstufe für die Fußballspiele in den jeweiligen Fußballstadien und für die Besucher angeordnet hatten.

Mit dem Näherrücken des Beginns der Fußballweltmeisterschaft stieg das Interesse an Fußball. Es wurden von Jung und Alt Fußballtrikots getragen. Die Gesichter der Menschen hellten sich auf und es war etwas von Erwartung und Neugier auf ihnen zu lesen. Auch die Wirtschaft erhoffte sich einen Aufschwung angesichts ihrer stagnierenden Situation. Ja, es wurde ganz bewusst gesagt: »Der Gewinn der Fußballweltmeisterschaft 2006 bringt auch einen wirtschaftlichen Aufschwung und vertreibt die depressive Mentalität in Deutschland.« Fußball wurde als Medizin gegen eine flaue Wirtschaft und gegen Depression angesehen. Gewiss, Optimismus lässt sich nicht herbeireden. Doch er wuchs stetig und war spürbar. Auch die Deutsche Bahn hat zur Fußballweltmeisterschaft eine Bahncard zu 25 % Preisermäßigung herausgebracht und eine Verlängerung bis zum Jahresende angezeigt, wenn Deutschland Fußballweltmeister werden sollte. Alle setzten auf Fußball.

Viele aus der älteren Generation erinnerten sich, wie die Fußballweltmeisterschaft von 1954 nach dem II. Weltkrieg zum Schlüsselerlebnis für Deutschland nach 1945 wurde und den wirtschaftlichen und politischen wie auch kulturellen Aufschwung Deutschlands einleitete. Anscheinend benötigt ein Volk, wie jeder Mensch, auch ein Erfolgserlebnis, das die Lebensgeister wieder weckt.

Die Organisatoren der Fußballweltmeisterschaft setzten auf

die Jugend und strebten eine Identifikation von Volk und nationaler Fußballmannschaft an. Junge Menschen, Frauen wie Männer, warben für die Fußballweltmeisterschaft. Ihnen ging als Werbe-Ikone und Lichtgestalt Kaiser Franz Beckenbauer voran, ein geborener Münchner, der ein exzellenter Fußballer war, mit 19 Jahren bereits sein erstes Länderspiel für Deutschland bestritt und neben Vereinsmeisterschaften auch als Fußballtrainer – ohne Trainerschein – mit der deutschen Nationalmannschaft in Rom 1990 die Fußballweltmeisterschaft gewann. Frauen mochten ihn trotz seiner drei Ehen. Er strahlte Optimismus und Siegeswillen aus und sein von ihm ausgehendes Charisma sprang auf andere Menschen über und begeisterte sie. Seine Sprache klingt angenehm und sein zukunftsweisendes Schlagwort, das den ihn bestimmenden Geist ausdrückt, »Schau'n me mal«, wurde zum geflügelten Wort während der Fußballweltmeisterschaft. Es ist ein Wort, das dazu auffordert, gelassen in die Zukunft zu schauen und den hektischen und bedrängenden Fragen »Wie geht das Spiel aus?«, »Wer wird Weltmeister?« entgegentritt. »Schau'n me mal.« Der bayerisch klingende Satz des Hochdeutschen »Schauen wir einmal« meint so viel wie die englische Redewendung »Drink a cup of tea«, die im Deutschen wiedergegeben wird mit: »Abwarten und Tee trinken«. Gewiss, keiner kann in die Zukunft schauen und wahrheitsgemäße Aussagen über zukünftige Ereignisse machen, aber man kann gelassen und optimistisch betonen: »Mal sehen, was kommt« also »Schau'n me mal«. Entscheidend ist die optimistische Zukunftshaltung, denn Hysterie und Pessimismus sind für den Zukunftsblick hinderlich. Beckenbauer erschien als Leitfigur für die auszurichtende Fußballweltmeisterschaft in München angesichts einer von Terror bedrohten Zeit als ein Glücksfall.

Ich hatte mir rechtzeitig zwei Fußballkarten für die Spiele in München gesichert. Dies war nicht so leicht. Doch mit Hilfe des Computers konnte ich meine persönlichen Wünsche eingeben. Es hatte geklappt.

Als Kleinstädter des Bayerischen Waldes konnte ich das Fußballereignis in München bei fußballbegeisterten Verwandten, die Anhänger von Bayern München sind, miterleben. Bereits in meiner Heimatstadt, und dann auf der Fahrt nach München, merkte ich, wie die Frage nach dem geeigneten Nationaltrainer die Gemüter der Deutschen beschäftigte. Es kamen Zweifel auf, ob Jürgen Klinsmann der rechte Bundestrainer sei. Er erschien als ein jugendlicher, dynamischer, charismatischer Typ, der in der Bundesliga und im Ausland gespielt hatte und der 1990 die Fußballweltmeisterschaft in Italien mit gewann. Doch er wurde von vielen als nicht durchsetzungsfähig angesehen. Von Beruf war er gelernter Bäckermeister. Von seinen Fans wird er liebevoll »Klinsi« genannt. Eigenartig, im Moment wurden alle Namen der Fußballspieler verniedlicht und vertraut gemacht, als ob sie jedermanns Freund wären. Anscheinend funktionierte das Motto: »Wir sind eine große Familie.« Klinsmanns Assistenztrainer Jürgen Löw wurde »Yogi« genannt und die Fußballspieler Schweinsteiger »Schweini« und Podolski »Poldi« gerufen. Ja es ging soweit, dass angesichts des fehlenden Adels und somit der fehlenden Vorbilder und Leitfiguren in der bundesrepublikanischen Gesellschaft die alten adeligen Titel auf Fußballspieler übertragen wurden. Franz Beckenbauer wurde zum »Kaiser Franz« und Poldolski bekam wegen seiner Jugend den Beinamen »Prinz Poldi«.

Trotz der Kasernierung und des harten Trainings kann heute offen gesagt werden, wer in der Bundesliga spielt und auch in die Nationalmannschaft berufen wird, ist ein gemachter Mann, also Millionär. Im Großen und Ganzen sind die Fußballspieler realistische und keine ausgeflippten Männer. Gewiss gibt es ab und an Skandalgeschichten und ihre Ehen leiden unter dem

Sport. Doch als Nationalspieler zeigen sie Charakter und wollen auf ihre Art und Weise Vorbilder sein. Im Sportteil der Zeitungen und in Sportzeitungen wurde viel über ihre Leistungsfähigkeit und Dynamik geschrieben. Ja, sie mussten auch Kritik einstecken und hatten sich dann wieder durch gutes Spiel zu beweisen. Sportjournalisten sind sehr genau. Ja, auch die Fußballfans sind sehr kritisch. Fußball erschien mir vor Ort in München als eine große Medienmacht wie auch Wirtschaftsmacht. Die Schals, wie auch die Trikots und Fußballzeitungen, kosteten mich einiges Geld.

Zu den Weltmeisterschaftsspielen in München wurden mindesten über 50 000 Fans erwartet. Das neu erbaute Fußball-Stadion, die Arena, im Münchner Stadtteil Fröttmaning, wurde mit Allianz-Geldern gesponsert. Die Stadt und die beiden Vereine FC Bayern und 1860 München waren sich einig, dass das bisherige Olympiastadion den modernen Anforderungen des Fußballsports nicht mehr genüge. Die Zuschauer sollten näher an dem Geschehen des Spieles sein, so dass sie mit den Spielern zu einer Einheit zusammenwachsen konnten, damit der Begeisterungsfunke von den Spielern auf die Zuschauer überspringen möge. Auf diese Weise sollte das Fußballerlebnis hautnah nachempfunden werden.

Es erscheint eigenartig, dass jetzt wieder die altrömische Unterhaltungskunst: »Brot und Spiele« erweckt wurde. Fast über 1 600 Jahre gab es keine Stadien in Europa. Nun werden sie wieder als Unterhaltungsschauplätze für die Massen gebaut. Ja, die großen Firmen und Konzerne wie die Allianz-Versicherung fördern die Stadionbauten, so dass sie dann deren Namen tragen. Die äußere Architektur des neuen Münchner Fußballstadions gleicht einem auf dem Boden liegenden Autoreifen, der am Abend in unterschiedlichen Farben leuchten kann. Der ca. 60 000 Menschen fassende, ansteigende Innenraum mit seinen roten Schalensitzen erlaubt jedem Zuschauer von seinem Platz aus einen guten Blick auf den grünen Rasen. Die Fans der kämpfenden Mannschaften werden in verschiedenen Teilen der Arena untergebracht, so dass es zu keinen Zwischenfällen kommen kann, wenn die Emotionen in Aggressionen umschlagen. In ihren Gruppen können die Fans ihre bunten Schals, Shirts, Hüte und Fahnen schwingen. All dies erinnert an mittelalterliche Heereshaufen mit ihren Farben, um sich von einander zu unterscheiden. Die Farbe haben identitätsstiftende Eigenschaften. Die deutschen Fans tragen stolz ihre Nationalfarben schwarz-rot-gelb. Kritik an dem Zurschaustellen der Nationalfarben gibt es schon lange nicht mehr in Deutschland. Der übertriebene Nationalkult während des Dritten Reiches (1933–1945) ist vorbei.

Angesichts des schönen Juniwetters spielte sich das öffentliche Fußballtreiben auf den Straßen der Innenstadt und des Olympiaparks ab. Alle fieberten auf das erste Spiel zu, um sich dann ein Urteil über die Stärke der deutschen Nationalmannschaft bilden zu können. Ab und an tauchte das Vorurteil auf, dass die junge deutsche Nationalmannschaft angesichts der schwachen Vorbereitungsspiele nicht das Achtelfinale erreichen werde. »Klinsi« sei zwar nett, doch nicht durchsetzungsfähig. Nüchternheit vor dem Spiel erschien als gesundes Empfinden der Fans. Der Trainer, als berufene Autorität, hatte nun einmal das Sagen. Klinsmann setzte auf die Jugend. »Auch dies ist Absicht«, meinte mein Verwandter, »denn die Politik greift auch auf den Sport über. Es soll die Jugend angesprochen und aufgefordert werden, mitzumachen und die Zukunft zu bauen. Der momentanen Depression in Deutschland möge die Frische der Jugend entgegenwirken. Es ist gut, dass jungen Spielern wie Podolski, Schweinsteiger, Lahm, Hunt und Mertesacker Vertrauen geschenkt wird.«

Indirekt und unbewusst war das Sportgeschehen auch ein politisches Geschehen geworden. Wie gesagt, ein positiver Ausgang für Deutschland bei der Fußballweltmeisterschaft würde auch positive Auswirkungen auf die deutsche Wirtschaft haben können, die in dem Moment auf der Kippe stand und ins Mittelmaß abzufallen drohte. Es bedurfte also eines Anstoßes. Ein Erfolgserlebnis wurde erwartet, um einen Stimmungsumschwung auszulösen. Das Erringen der Fußballweltmeisterschaft wäre ein solcher.

Gut, mancher mag über meine Wertvorstellung die Nase rümpfen. Doch abstrakte Wertprinzipien und Tugenden müssen lebendig gemacht werden, um wirken zu können. Ja, auch ein sportlicher Sieg bedarf der lebendigen Werte wie Disziplin, Fleiß, Gemeinschaft, Zusammenarbeit und Ausdauer. Wenn heute angesichts des Wohlstandes wenig über Werte als Tugenden gesprochen wird, so gilt die alte Volksweisheit auch weiterhin: »Ohne Fleiß kein Preis.« Das Training als Arbeit kann nur der verstehen, der selbst Fußball gespielt hat. Die Gehälter, ausgenommenen die übertriebenen, sind angebracht für die Fußballspieler, die mindestens zehn Jahre ihres Lebens in den Dienst einer anstrengenden Sache stellen. Um für neunzig Minuten fit zu sein, bedarf es eines guten Trainings. Ein Sieg löst eine positive Stimmung aus. Die sportlichen Erfolge sagen auch etwas über die Güte eines Volkes aus. Gewonnene Medaillen bei olympischen Spielen und sonstige gewonnene Trophäen bestärken das nationale Selbstbewusstsein.

In der Vorbereitungszeit auf die Weltmeisterschaft wurde in den Zeitungen über den spielerischen Wert der deutschen Mannschaft viel gesprochen. Ja, die Wade des Spielführers Ballack wurde zum Thema der Boulevardzeitungen. Nicht die hohe Arbeitslosenzahl, noch das Aussterben der Deutschen angesichts zu weniger Geburten hatten nach Meinung der Journalisten die deutschen Gemüter beschäftigt, sondern das Befinden der Wade Ballacks. Damit wurde den Lesern suggeriert, wie wichtig die Gesundheit des Nationalspielführers für das Wohlergehen der Nation sei.

Die Vorbereitungen liefen von offizieller Seite mehr im Verborgenen auf Hochtouren. Das Motto der Fußballweltmeisterschaft »Die Welt zu Gast bei Freunden« verlangte vor allem Beachtung der Sicherheitsregeln. Die Gäste aus den fünf Kontinenten sollten sich in München wohlfühlen.

München als Stadt übt eine Faszination aus und bietet wirtschaftlich, kulturell und sportlich viel. Die Anfahrt mit dem Zug nach München war schon ein Erlebnis. Die Menschen waren in guter Stimmung und führten fröhliche und witzige Gespräche darüber, ob die deutsche Mannschaft gewinnen werde. Natürlich wurde sich gegenseitig Mut gemacht durch die Sprüche wie: »Du bist Deutschland.« – »Alle haben positiv zu denken.« – »Nur so kann die deutsche Mannschaft gewinnen.« – »Zweifel sind unangebracht, denn sie untergraben nur die Stimmung.«

In der Münchner Bahnhofshalle tummelten sich viele Menschen mit Fahnen und Blasinstrumenten. Man konnte meinen, es herrsche die Karnevalszeit. Männer mutierten in diesen Tagen zu komischen Wesen: Tücher um die Hüften, Rasseln in der Hand und Kämme im Haar. Und alles in schwarz-rot-gold. Auch die Haare waren weitgehend zu schwarz-rot-goldenen Irokesenschöpfen gestylt.

Das Polizeiaufgebot in der Stadt und in den U- und S-Bahnen verhielt sich zurückhaltend und war kaum zu sehen. Die fröhlichen Gästegesichter waren in den Landesfarben geschminkt. Selbst die Deutschen hatten sich etwas einfallen lassen. Die Chapeauclaque waren in den Farben Schwarz-Rot-Gold. Vor allem die Fußgängerzonen vom Bahnhof zum Marienplatz und vom Marienplatz zur Münchner Freiheit waren die gute Stube für die Fußballfans. Der Marienplatz ist wirklich der Mittelpunkt der Stadt. Die von der Sonne angestrahlte Mariensäule lässt die goldene Marienstatue leuchten. Wahrscheinlich wird mancher Fußballfan bei ihrem Anblick ein stilles Gebet um einen Sieg seiner Nationalmannschaft an sie richten. »Vielleicht hilft's«, wird er sich denken, »man weiß nie, wozu es gut ist.« Der mit Nationalfahnen geschmückte Marienplatz war der Tummelplatz der Nationen in München. Die in Gruppen zusammenstehenden, gut gelaunten und friedlichen Fans mit Irokesenschnitt in Nationalfarben schauten sich das neugotische Rathaus an und betrachteten zum Elfuhrläuten den Schäfflertanz im Rathausturm. Hier auf der Rathausempore zeigen sich die FC-Bayern-Spieler mit der Meisterschale, wenn sie den Deutschen Meister oder die Pokalmeisterschaft gewonnen haben. Der Marienplatz ist der Schauplatz kirchlicher, politischer und fußballerischer Ereignisse der bayerischen Landeshauptstadt. Die Deutschen hatten weiße Hemden und die Holländer orange, die Brasilianer hatten gelbe mit grünen Streifen. Selbst aus dem Iran waren Männer und Frauen da. Manche der Frauen trugen Kopftücher, andere wieder nicht. Die Landesfahne diente ihnen als Umhang. Die iranischen Frauen genossen die Freiheit in Deutschland sich ohne Kopftuch zu bewegen und in der Arena das Fußballspiel zu sehen, was ihnen daheim in ihrem Land untersagt wurde, damit sie nicht die außer sich geratenen, tobenden Männer sehen und so jede Achtung vor ihnen verlieren.

Die Fahrten mit der U6 nach Fröttmaning zur Allianz-Arena waren von Schlachtgesängen und guter Laune trotz des Gedränges beherrscht. Der Fußballgegner Deutschlands war Costa-Rica, dessen Nationalfarben vom Gelb geprägt waren. Die fröhlichen Schlachtenbummler aus diesem Land ließen den Einsschlag der Inkas mit ihrer metalligen Haut erkennen.

Am Zielbahnhof waren ein Fahnenmeer zu sehen und Gesänge zu hören. Die Fans wurden an den Eingängen der Fußballarena scharf kontrolliert. Es war schon ein tolles Gefühl, inmitten der vielen Fans zu sitzen. Trotz der Menge von 60 000 Zuschauern fühlte sich keiner bedrängt, sondern bewahrte seine Individualität. Ich verstand in der Praxis, was der dänische Philosoph Söeren Kierkegaard theoretisch darlegte: dass in der Masse der Großstadt ein jeder sehr einsam sein kann. Hier in der Arena waren die Menschen, jeder auf seine Weise, durch das Thema Fußball verbunden und durch den Wunsch, ein schönes Spiel und viele Tore zu sehen. Mein Nachbar orakelte: »Eröffnungsspiele sind bis jetzt Nullnummernspiele gewesen.« »Mal schauen«, entgegnete ich ihm in Beckenbauer-Manier. Die neunzig Spielminuten waren spannend. Auf die schnellen Tore der Deutschen antworteten die Spieler von Costa Rica mit Gegentoren. Deutschland gewann Vier zu Zwei. Die Freude war groß und die Gesänge waren voll Stolz auf Deutschland: »Wenn du ein Deutscher bist, dann steh auf.« Auf dem Marsch zum U-Bahnhof: »Wir fahren nach Berlin«. Ja, die Fans waren von nun an optimistisch und alle Zweifel schienen weggewischt zu sein. Erstaunlich, welche Euphorie ein Sieg bewirkt.

Ich stieg an der Haltestelle Münchner Freiheit aus und schaute mir das Treiben auf der Leopoldstraße an. Jungen und Mädchen zeigten sich ausgelassen. An der Kreuzung kletterte ein Fan sogar die Ampel hoch und hisste die Deutschland-Fahne. Die Menge johlte. Irgendwo ging eine Rauchbombe hoch, vereinzelt leuchtete bengalisches Feuer auf, leere Bierflaschen kugelten über den Bürgersteig. In den Seitenstraßen hielten sich einige Pärchen fest umschlungen und starrten versunken in den Nachhimmel. Die Straßenparty verlief friedlich. Am nächsten Tag vermeldeten die Zeitungen den Sieg der deutschen Nationalmannschaft und das muntere Verhalten der Fans.

Als ich am Vormittag in der Innenstadt zur Pinakothek der

Moderne ging, war ich erstaunt über die sauber gekehrten Straßen. Die Stadtverwaltung Münchens hatte richtig gehandelt. Von Bierflaschen und Papierfetzen gesäumte Straßen hätten unter den Fans nur Aggressionen geweckt. Sauberkeit schien für Disziplin zu sorgen. Ich war überrascht, dass München als Großstadt ohne weiteres die fast hunderttausend Fußballfans schlucken konnte. Sie fielen in der Innenstadt nicht auf, in die täglich mehr als zweihunderttausend Beschäftigte und Käufer strömten.

»Was ist so typisch bayerisch?«, fragten mich amerikanische Fußballfans. »Ein Biergarten«, fiel mir spontan ein. »Oktoberfest«, assoziierten sie. »Nein, das findet im Herbst statt. Ein Biergarten ist für die Bayern ein gemütlicher Ort. Unter den Kastanienbäumen im Gastwirtschaftsgarten trinken sie ihr Bier und essen Wurst, Käse und Brot.« – »Romantisch, Kastanienbäume, Gemütlichkeit. Wo können wir dies erleben?« Ich verwies sie, die Arnulfstraße entlang bis zur Paulaner-Brauerei zu gehen. Auf dem Münchner Stadtplan zeigte ich ihnen den Weg und markierte die Stelle des Biergartens. »Meine Verwandten werden mich auch während meines Besuches in einen Biergarten mitnehmen. So etwas gehört zu München«, schoss es mir durch den Kopf.

Ich wollte die Zeit zwischen den Fußballspielen nutzen, um etwas für meine Bildung zu tun. Die Museen hatten es mir schon immer bei meinen Besuchen in München angetan. Das hochmoderne Gebäude der Pinakothek der Moderne aus Glas und Beton, auf dem ehemaligen Kasernengelände in der Türkenstraße, machte einen positiven Eindruck auf mich. Die lichtdurchflutete Rundung des Innenraums mit ihren zwei Stockwerken und der Glaskuppel riss einen innerlich hoch wie ein lichterfülltes gotisches Kirchenschiff. Ich fühlte mich in diesem Rund mit seinen breiten Treppenabgängen in das Untergeschoß und Aufgängen in das erste Stockwerk wie auf einer Theaterbühne. Im Untergeschoss waren die Designs für Automobile, Motorräder, Tische und Stühle, wie auch Schreibmaschinen seit Beginn des modernen Büros und der Autoindustrie zu besichtigen. Es überraschte, welchen Wert die Autohersteller neben der Nützlichkeit auch auf die Schönheit ihrer Fahrzeuge gelegt hatten. Das war ein Ansporn für jeden Autobesitzer, seinen Wagen zu pflegen und sauber zuhalten. Diese Autos können noch heute fahren. Neben dem Praktischen der Büromöbel wurde auch auf die Augengefälligkeit des Mobiliars geachtet. Verständlich, das Schöne begeistert auch den Angestellten für seine Büroarbeit. Der Aufstieg der breiten Treppen zum ersten Stockwerk erinnerte an die Treppenaufgänge mancher großen Schlösser, die den Menschen als Individuum herausstellen und das Gespräch mit Nachbarn erlauben. So war es auch in der Pinakothek der Moderne so, dass die Besucher die Weite des Foyerraums bewundern und gleichzeitig über die an den Wänden hängenden Bilder sprechen konnten. Der Gang durch die lichten Räume zeigte die Gemälde der modernen Maler des frühen 20. Jahrhunderts. Die Originalgemälde wirkten direkter als die Reproduktionen der Kunstkataloge. Aufliegende Kataloge informierten über die Künstler und ihre Zeit, was zum Verständnis der Bilder als Zeitdokumente ungemein wichtig ist. Ja, die Besucher fühlten sich von den Bildern angesprochen. Überraschend war für mich das Erlebnis eines älteren Besucherpaares in typischer bayerischer Tracht, sie im Dirndl und er in Lederhose und grünen Janker. Spontan äußerte er sich: »Dieses moderne Bild würde ich mir sofort in mein Wohnzimmer hängen. Schau, wie da der Sturz des Adlers dynamisch gemalt ist.« Ich schaute mir das Bild nochmals genau an und fand die Bemerkung zutreffend. Ja, überhaupt hätte ich diesem Paar solch ein Kunsturteil nicht zugetraut. Aus diesem Grunde bejahe ich den Bau der Museen, die den Zugang zu den großen Kunstwerken den kunstinteressierten Menschen aus allen Bevölkerungsschichten ermöglichen. Im Museumscafe trank ich einen Milchkaffee, aß eine Sachertorte und schaute den Besuchern zu, die nach den vielen Kunsteindrücken zur Stärkung in das Café einkehrten.

Anschließend besuchte ich noch die beiden anderen Museen, die Alte und die Neue Pinakothek, um in die Bilderwelt einer vergangenen Zeit einzutauchen. Ich bemühte mich, zunächst die geschauten Bilder zu verarbeiten. Ich staunte, was ein kunstbegeisterter König wie Ludwig I. mit dem Museumsbau der alten Pinakothek geschaffen hatte. Gewiss, er wollte München zu einer modernen Stadt ausbauen. Dies war ihm nicht nur für seine Zeit gelungen, sondern auch für spätere Jahrhunderte. Er war es, der die Initiative ergriff und etwas Neues wagte, das die Mitmenschen zu einer geistigen Auseinandersetzung herausforderte. Bauen und Frauen waren die Charakteristika der bayerischen Wittelsbacher. Aus diesem Grund musste Ludwig I. wegen seiner Liaison mit Lola Montez abdanken. Seit nach dem I. Weltkrieg 1918 die deutschen Fürsten abdanken mussten, errichten in der Demokratie die weltbekannten Firmen ihre monumentalen Türme aus Glas und Beton, auf denen ihre Markenzeichen wie Mercedes-Stern und BMW-Aufschrift zu sehen sind. Wer Geld hat, setzt sich, wie zu allen Zeiten, durch Bauten ein Denkmal.

Ich spazierte zur Ludwigstraße. Links und rechts der breiten Straße erheben sich große Gebäude im italienischen Renaissancestil. Ja, König Ludwig I. war anlässlich seiner Italienreisen von den Bauten Roms und der italienischen Städte so begeistert, dass er sie in München in diesem Stil nachbauen ließ. Die Feldherrnhalle, als Abschluss der südlichen Ludwigstraße gegenüber der Theatinerkirche, erinnert an die Loggia in Florenz. Von den Stufen der Feldherrnhalle reicht der Blick zum Siegestor, das einem römisch-kaiserlichen Triumphbogen nachgebaut ist. Der in der Innenstadt immer wieder anzutreffende römisch-italienische Baustil hat München zur nördlichsten italienischen Stadt gemacht.

Der Gang durch die Residenzstraße erinnerte an den Hitler-Putsch von 1923. Hier wurde Hitlers Revolutionszug zur Feldherrnhalle durch die Gewehrkugeln der bayerischen Soldaten gestoppt. Hitler, Ludendorf und andere wurden nicht getroffen, aber 23 Anhänger der NSDAP starben im Kugelhagel. Eine Mahntafel an der östlichen Seite der Feldherrnhalle erinnert an dieses Ereignis, das im Dritten Reich groß gefeiert wurde. Mein Weg führte mich zum Max-Joseph-Platz, auf dem der erste bayerische König, Max Joseph I., in der Manier eines römischen Kaisers thront. Die Anlehnung der damaligen Zeit an die Griechen und Römer ist offensichtlich. Es fehlte dem 19. Jahrhundert, die Idee des neu anbrechenden industriellen und politischen Zeitalters durch eine zeitgemäße Architektur und Politik auszudrücken. Durch die Revolution von 1918/19 wurde die Monarchie als Relikt einer vergangenen Zeit angesehen und abgeschafft. Hinter dem Königsdenkmal erhebt sich der klassizistische Bau des Nationaltheaters, links davon ist die Residenz im Renaissancestil und ihr gegenüber der Arkadengang der alten Post mit den gemalten antiken Rossbändigern zu sehen.

An den Tischen vor dem Franziskaner-Gasthaus saßen Einheimische und Fußballfans vor ihrem Schweinebraten mit Knödeln und einem Glas Bier. Die Leute verstanden sich. Fans mit brasilianischen, englischen, portugiesischen und deutschen Fahnen zogen mit »Hallo« aneinander vorbei. Der Marienplatz war angefüllt mit den Fahnen der Fußballfans, die untereinander Freundschaft schlossen. Ab und an waren Pärchen, in deutsche und brasilianische Nationalfahnen gehüllt, wahrzunehmen.

Die Polizei bewegte sich unauffällig in der großen Fangemeinschaft.

Ich bewunderte die Fans, die nach München gekommen waren und ihre Zeit von Fußballspiel zu Fußballspiel auf der Straße verbrachten. Sie marschierten abwechselnd hin und her, vom Marienplatz durch die Neuhauserstraße zum Karlsplatz, auch Stachus genannt. Sie plauderten miteinander und tranken ab und an ihr Bier aus der Dose oder Flasche. Münchner Bier schien allen zu schmecken. Betrunkene und randalierende Fans waren kaum zu sehen.

Überraschend war das Verhalten der iranischen Fußballfans, die von weither angereist kamen, um ihre Mannschaft zu unterstützen. Iranische Mädchen in ihren Nationalfarben waren ohne Kopftuch zu sehen. »Daheim dürfen sie nicht so herumlaufen«, meinte eine Passantin anerkennend über den Mut der Iranerinnen. Zu einer weiteren Bemerkung kam es nicht. »Was haben politische Diskussionen jetzt in der fröhlichen Fangemeinschaft für einen Sinn«, dachte ich mir und meinte in Gedanken: »Im Moment steht das sportliche Ereignis und das gute Einvernehmen im Vordergrund«. Die Fans aus Lateinamerika, Spanien, Portugal und Italien gingen zum Beten in die St.-Michaels-Kirche in der Neuhauserstraße, mit ihrem den Teufel tötenden Michael oberhalb des Eingangs. Ja, in der Frauenkirche fand anlässlich der Fußballweltmeisterschaft sogar ein ökumenischer Gottesdienst statt. Mancher Fan zündete wegen eines Sieges ein Licht vor der Marienfigur an.

Das Schöne an München als Großstadt ist, dass jeder in der Menschenmenge seinen Gewohnheiten nachgehen kann und dabei in Ruhe gelassen wird. Vor dem Augustiner-Gasthaus saßen Fans und Einheimische. Selbst die trinkfesten Briten benahmen sich gesittet. Die Polizei meldete keine Vorkommnisse. Die Häuser vor dem Karlstor waren links und rechts mit den

Nationalfahnen und den bekannten Fußballspielern geschmückt. Rund um die große Springbrunnen-Anlage am Karlsplatz mit ihren Betonpfosten und Palmen saßen Fußballfans, schwenkten ihre Fahnen und ließen sich, angesichts der hohen Sommertemperaturen, von den feinen Wasserpartikeln besprühen.

Für heute hatte ich genug gesehen und ging zur S-Bahn, die viele Fußballfans vom Bahnhof zur Innenstadt brachte. Dann stieg ich um in die U-Bahn und fuhr zu meinen Verwandten, denen ich meine Erlebnisse erzählte.

Wir beschlossen, am nächsten Tag in den Olympia-Park zu fahren, um den Fan-Park zu besichtigen, den die Stadt München eigens zur Fußballweltmeisterschaft eingerichtet hatte. Für mich lohnte es sich, dieses ehemalige Olympia-Zentrum wieder einmal anzusehen. In den U-Bahnhöfen wurden wir von Fans aus dem Iran, die wenig Deutsch konnten, gefragt: »Wo Fan-Park?« Wir sagten nur: »U3 Olympia-Zentrum«, und wiesen ihnen den Weg im U-Bahnhof. Es reichen anscheinend einige wenige Worte aus, um sich in einer fremden Stadt orientieren zu können. Die Kommunikation geschah mit Fragewörtern und Hauptwörtern: »Wo?« – »Wann?« – »Marienplatz, Hauptbahnhof, Arena, Olympiapark.« Die Leute wussten, was sie wollten. Ein Münchner kommentierte das unkomplizierte Verhalten der Fans in München und in den U- und S-Bahnen: »Durch die Globalisierung der Welt dank der Technik gibt es auf der ganzen Welt McDonalds, Coca-Cola und Hotels. Diese drei Dinge, einige Fragewörter und etwas Geld reichen aus, um sich in einer fremden Stadt zurechtzufinden. Von bayerischer Kultur bekommen sie wenig mit.« Gegen diese Meinung ließ sich wenig einwenden, denn im Moment herrschte das Interesse an Fußball vor. Fußballfans waren nun einmal nicht auf Bildungsreise.

Beim Verlassen der U-Bahnstation Olympia-Zentrum fiel der Blick auf die terrassenförmig angelegte Wohnsiedlung des

Olympiadorfes. Von der Brücke über die Autobahn nach Norden ist das einem Autozylinder nachempfundene BMW-Haus mit den Werkhallen und der neuen Konstruktion für das Museum zu erblicken. Das Glasfieberdach des Olympia-Fußballstadions spiegelte das Sonnenlicht. Mächtig hoben sich dagegen die dunkelgrauen Stahlmasten ab, die das über das Olympia-Stadion, die Olympiahalle und das Olympia-Schwimmstadion gespannte Scheibennetz des Glasfieberdaches trugen. Vor dem Olympiapark-Eingang wurden alle Besucher mittels einer Elektroschleuse kontrolliert. Es durften keine Flaschen mitgenommen werden. Der mit Granitsteinen gepflasterte Weg führte an den aluminiumverkleideten Stahlsäulen vorbei und gab den Blick frei auf den Olympiaberg und den Olympiaturm. Links und rechts des breiten Gehweges standen Getränkebuden, Eisbuden und einige Bierstände. Um den groß aufgebauten McDonald's-Stand scharten sich die in den jeweiligen Nationalfarben geschmückten Fans und aßen ihre Pommes frites und diskutierten miteinander beim Bier. Das riesengroße Zelt mit Fanartikeln war zeitweise überfüllt. Japaner mit ihren Kameras vor den Augen gingen von Verkaufsstand zu Verkaufsstand und knipsten alles. Für die Kinder war der große Plüschlöwe »Leo« die Attraktion, vor dem die Eltern ihre Kinder fotografieren mussten. Außerhalb des Zeltes zeigten Fußballspieler in Nationaltrikots ihre Ballkünste und ihre Ballbeherrschung. Von den angeblich vielen zur Sicherheit der Fans und der Gäste abgestellten Polizisten war wenig zu bemerken. Radaubrüder oder gar vermutete Hooligans hatten das Olympiagelände nicht aufgesucht.

Unterhalb des Olympiaturms, vor dem See, war eine 60 Quadratmeter große Leinwand aufgespannt, vor der, gleich einer Arena, die Zuschauerreihen im Halbrund angeordnet waren. Über dreißigtausend Fans, in allen Nationalfarben gekleidet, schauten sich die Übertragung des Spieles England gegen Paraguay an. Jede Fußballszene wurde lautstark und gefühlsmäßig miterlebt. Die Briten, in Gruppen stehend mit Bier in den Händen, zitterten mit ihrer Mannschaft, trotz des überragenden Mannschaftsführers David Beckham. Ab und an klangen ihre Fußball-Schlachtgesänge auf, die das weite Rund ausfüllten. Sie wussten nur zu genau, wie ihre Mannschaft den Gefühlsschwankungen unterlag. Ein früher Rückstand hätte sie aus dem Rhythmus gebracht. Die Eins zu Null führende englische Mannschaft, dank eines Eigentores der Paraguayer, spielte nicht mehr den typischen englischen Fußball »kick and rush«, sondern hatten sich dem europäischen Spielstil angepasst. Nach dem Schlusspfiff des Spieles hielt sich die Siegesfreude der Engländer in Grenzen. Beim Gang zur Seebühne, auf der die Leinwand aufgespannt stand, sah ich bereits einige Bierleichen friedlich auf dem Rasen schlummern. Manch einer hatte die Wirkung des Biers bei dieser Hitze unterschätzt. Die übrigen Zuschauer störten sich nicht an den schlafenden Fans. Sie nutzten die Pause von einer Stunde bis zur nächsten Spielübertragung der Begegnung Trinidad/Tobago gegen Schweden. Die Fahnen der schwedischen Schlachtenbummler – es waren in München lebende Schweden – begannen sich zu vermehren.

Parallel zu der Fußballweltmeisterschaft fand das Tollwood-Festival im Westen des Olympiaparks satt. Wer vom Fan-Park zum Tollwood-Festival ging, meinte in eine andere Welt einzutreten. Alles geschah hier ruhig und harmonisch. Fußwege waren durch die Zeltstadt angelegt. Es war ein jährlich stattfindendes esoterisches Festival mit Musik und Theater und zog einige tausend Schaulustige und vor allem junge Familien an. Nationen aus Asien und Europa hatten ihre Stände mit Kunstgegenständen, magischen Steinen, Räucherstäbchen und den verschiedenen Teesorten aufgebaut. Daneben wurden Halbedelsteine, orientalische Düfte und feine Seidentücher feilgeboten. Manche der anwesenden Länder sorgten mit ihren Nationalgerichten für das leibliche Wohl. Auch die großen bayerischen Brauereien hatten wohlwissend ihre Bierzelte aufgestellt, weil doch mancher der Besucher die einheimische Küche bevorzugte. Die Zeltstadt wurde überragt von einer großen dicken Urmutter, die lächelnd auf das Treiben blickte. Die vielen jungen Leute mit Kindern gingen über das Festgelände und besichtigten alles. Sie aßen die ausländischen Speisen und hörten den Klang der einlullenden fremden Musik. Ein chinesischer Schriftenmaler fragte mich nach meinem Vornamen. Er sagte in gutem Deutsch: »Ich schreibe die deutschen Vornamen in chinesischen Schriftzeichen nach den Vokalen und Konsonanten, die ich höre.« Ich nannte ihm meinen Vornamen. Er reichte mir das Schriftzeichen mit einer deutschen Beschreibung auf einem Extrablatt. Ich war überrascht, was mein Vorname bedeutet: der aus einem Fürstenhaus Kommende. Dies schmeichelte mir.

Nach dem vielen Schauen kehrten wir in ein Zelt ein und nahmen Kaffee und Kuchen zu uns. Wir fanden die kulturellen Verschiedenheiten interessant. Ein kurzer Dialog entwickelte sich mit den Tischnachbarn. »Gleichzeitig, in kurzer Entfernung voneinander am selben Ort vereint, der Kraftsport des Fußballs und die zierliche asiatische Kulturwelt.« – »Ja, da kann einer nur sagen, das Leben ist vielfältig.« – »Doch allen gemeinsam ist das Essen, Trinken und die Unterhaltung.« Wir lachten.

Auf der Heimfahrt in der U-Bahn waren wir von dem friedlichen und freundlichen Verhalten der Fußballfans angenehm überrascht. Sie waren auf ihre Kosten gekommen. Die Fußballspieler zeigten keine Aggressivität während der Spiele, sondern perfektioniertes Fußballkönnen, was den Fans Spaß machte. »Es werden doch freundliche Spiele werden. Der Slogan ›Die Welt zu Gast bei Freunden‹ wurde mit Leben gefüllt«, dachte ich mir.

Am nächsten Tag fuhr ich zum Deutschen Museum. Der Weg von der S-Bahnstation Isartor führt an der grünen Isar vorbei. Ich nahm den großen Komplex des Patentamtes wahr. Dann sah ich das Monument des ehemaligen Reichskanzlers Otto von Bismarck mit seinem kahlen Schädel und seinem buschigen Schnurrbart, wie er sich mit seinen Händen auf das Schwert stützt. Ja, auch München erinnerte sich des Eisernen Kanzlers, der durch sein reichspolitisches Wirken die Verhältnisse in Bayern veränderte und Bayern an das Reich band. Mächtig erhob sich vor mir das Gebäude des Deutschen Museums. Ich überquerte die Isar-Brücke und trat durch das große Tor in den Innenhof des Museums. Anhand eines Prospekts informierte ich mich über die einzelnen Abteilungen. Ich entschloss mich, durch die Räume der Flugtechnik und der experimentellen Physik zu gehen und abschließend das Planetarium zu besuchen.

Natürlich hätte ich noch länger in München bleiben können, denn ich hätte noch so vieles besichtigen wollen. Doch es reichte mir, was ich gesehen und erlebt hatte. Wichtig war für mich, bei der Fußballweltmeisterschaft in München dabei gewesen zu sein. Die Atmosphäre war schon beeindruckend. Das Verhalten der Fans hatte mir gefallen. Natürlich hatte ich mir auch etwas Kultur angesehen. Die anderen Fußballspiele konnte ich daheim im Fernsehen mitverfolgen.

Zur fröhlichen Stimmung hatten alle in München beigetragen. Es stimmte schon, was einer anmerkte: »Die Mädchen haben begeistert mitgefeiert, und das war gut so.« So hatte ich es in der Leopoldstraße erlebt. Ich sah sie in meinem Gedächtnis, Jungs und Mädchen, miteinander gut gelaunt hüpfend und Fahnen schwingend. Vielleicht hatte derjenige mit seiner Prophezeiung recht: »Wenn es eine gute gemeinsame Stimmung gibt, dann kann Deutschland Fußballweltmeister werden.« Die deutsche Fußballnationalmannschaft hat es trotz Jubel und

Daumenhalten nicht geschafft. Sie ist Dritter der Fußballweltmeisterschaft geworden.

Die bei der Fußballweltmeisterschaft positiv aufgekommene Stimmung hatte wirklich die depressive Mentalität in Deutschland Anfang 2006 überwunden. Die deutsche Gesellschaft blickt wieder positiv in die Zukunft. Aus Freude über die gelungene Fußballweltmeisterschaft hat die Deutsche Bahn ihre Weltmeisterschaftscards bis Ende Oktober verlängert. Jetzt herrscht der Slogan »Pack mer's an.« Zugkräftige Werbespots sind willkommen und helfen weiter.

Oslo, Bergen

Vielleicht ist der Grund, weshalb Menschen so gerne reisen, der, dass sie erahnen, dass das Leben eine Reise durch Raum und Zeit ist. Ein jeder befindet sich auf der Suche nach seinem Zuhause und vor allem nach dem Paradies. Im abendländischen Denken erscheint Reisen als ein zentrales Thema und ein immer wiederkehrendes Symbol. Es sei nur an die Pilger-

reisen, an Dantes Reise durch die Unterwelt, an die Weltreisen der großen Entdecker und an die heutigen Touristenreisen erinnert. Reisen sind verwurzelt in unseren Gedanken und Träumen und manche meinen sogar, sie wären Teil der menschlichen genetischen Anlage, die sich in Wandertrieb und Rastlosigkeit äußert. Bereits im Religionsunterricht hören wir vom Auszug der Kinder Israels aus Ägypten in das gelobte Land und von der Flucht der Eltern Jesu nach Ägypten. Es ist eine Reise aus der Knechtschaft und Verfolgung in die Freiheit und Sicherheit. Die Reisemotive finden sich heute im Schicksal der Emigranten und Asylsuchenden wieder. Im Deutschunterricht lesen die

Schülerinnen und Schüler Homers Odyssee und verfolgen die Abenteuer des Odysseus mit seinen Gefährten zu Land und zu Wasser. Im Geschichtsunterricht lernen die Schulkinder die Kreuzzüge, die großen Wallfahrten nach Jerusalem, nach Rom und nach Santiago de Compostela, die Entdeckungsreisen eines Christoph Kolumbus, Magellans Weltumsegelung und die Reise mit der Raumsphäre zum Mond und ins Weltall. Manche Menschen suchen im Reisen nicht das äußerliche Abenteuer, das die Reisebüros durch organisierte Reisen in ferne Länder anbieten, sondern die Reise in die innere Einkehr durch Meditation, Klosteraufenthalt oder durch das Aufsuchen indischer Ashrams. Sie alle, die sich auf der Reise befinden, suchen nach Abenteuer, nach Glück und nach Erfüllung ihrer Träume. Die großen Tourismusbetriebe bemühen sich, den reiselustigen reichen Europäern und Amerikanern behilflich zu sein. So wird das Reisen für manchen gerne zu einem jährlichen beliebten Abenteuer während des Urlaubs, über das anhand von Fotografien und Dias berichtet werden kann. Reisen erscheint als keine leichte Angelegenheit, sondern ist mit körperlichen und geistigen Anstrengungen, Zeit und Geld verbunden. Doch es wird gereist, um das Sprichwort zu beweisen: »Wer rastet, der rostet.« Reisen ist körperliche und geistige Beweglichkeit, wie auch Erfahrungen und Zukunftszugewandtheit.

Der Mythos des Reisens kennt den Mythos der Ankunft. Erst dann erleben Menschen das Ziel ihrer Bewegung, den Augenblick des Glücks, der deutlich wird an den strahlenden Augen und der guten Stimmung. So ist es auch mit der letzen Reise eines Christenmenschen: »Auch unser Glaube an Gott stützt sich auf die Vorstellung vom Jüngsten Gericht, auf das, was uns am Ende unserer Reise erwartet, die Ruhe in Gott.«

Vorstellungen und Wünsche treiben manche Menschen zum Reisen. Meistens ist es gut, die Reisegedanken im Stil der modernen Zeit »business as usual« mit Nützlichkeiten zu verbinden. Die Ankündigung einer Reise erregt im Bekanntenkreis lebhaftes Interesse und hat gute Ratschläge zur Folge. Als ich mitteilte, ich wolle im August nach Norwegen reisen, hörte ich: »Warum nach Norwegen? Im Sommer ist der Süden angesagt.« Meine Antwort war: »Vor mir liegen zwei Kongresse dicht hintereinander, einer in Oslo und der andere in Bergen. Ich möchte Forschung und Erholung miteinander verbinden.«

Norwegen wollte ich immer schon besuchen. Ich hatte keinen Traum so wie Johann Wolfgang von Goethe, der wegen der Bildung Italien als »Das Land dort, wo die Zitronen blühn …« aufsuchen wollte. Doch auch er floh aus der engen Residenzstadt Weimar mit ihrer nervigen Gesellschaft, um eine andere Welt kennenzulernen und einzutauchen in die vergangene Welt der Antike und auch, um schöne Frauen kennenzulernen. Der deutsche Dichter Thomas Mann lässt Tonio Kröger in der gleichnamigen Erzählung nach dem Norden ziehen, wegen des urwüchsigen Lebensbejahenden dieser Menschen mit den blonden Haaren und den blauen Augen, wie sie Inge hatte, und der Landschaft mit ihren Seen und Wäldern. Ich habe mich über solche Träume und Sehnsüchte immer gewundert. Doch im Laufe der Jahre habe ich sie verstanden. Goethe fuhr nach Italien, um sich neu auszurichten. Er hat darüber in seiner »Italienischen Reise« berichtet. Seine Italienreise bestärkte die in ihm bereits angelegte Hinwendung zur Literatur, zur Naturwissenschaft.

Die Fähigkeiten des menschlichen Bewusstseins ermöglicht den Lesern der Reisebeschreibungen, sich eine Vorstellung von Land und Leuten zu machen. Das Wort lässt sich in ein imaginäres Bild umsetzen und kann dabei ergänzt werden durch Fotos und Gemälde. Anscheinend herrscht im Bewusstsein ein weltweit gemeinsamer Bewusstseinscode vor, der das Bild eines

Baumes für alle Menschen verständlich macht, ausgenommen die Eskimos, die in der Eiswildnis keinen Baum kennengelernt haben. Der geistig gesunde Mensch kann das Wort in ein Bild umsetzen. Eine Reise kann die Imaginationen und Vorstellungen korrigieren und ergänzen. Von Sigmund Freud wird berichtet, dass er sich die Akropolis in Athen während seines dortigen Besuchs nicht angesehen habe, weil er befürchtete, dass seine Vorstellungsbilder, die er sich durch die Erzählungen seines Griechischlehrers gemacht hatte, nicht mit dem wirklichen Anblick der Akropolis übereinstimmen könnten. Er wollte eine solche persönliche Kränkung nicht erleben, denn er wusste als Naturwissenschaftler um die Differenz zwischen Imagination und Wirklichkeit. Dieses alte philosophische Problem wird heute von jedem Reisenden durch das Erlebnis und die Ästhetik gelöst. Es ist nun einmal so, dass sich gedankliche Probleme durch das bewusste aktive Leben bewältigen lassen.

Für meine Reise nach Norwegen hatte ich einige Reiseführer studiert und mir anhand der Bilder die markanten Gebäude der beiden Kongress-Städte Oslo und Bergen eingeprägt. Es ist gut, mit einigen Informationen anzureisen, um dann für Land und Leute offen zu sein.

Oslo ist Hauptstadt, Stadt der Winter-Olympiade, Stadt der jährlichen Friedensnobelpreis-Verleihungen und Sitz eines Königs. Bergen war mit den Vorstellungen einer ehemaligen Hansestadt besetzt. Ansonsten kannte ich aus Katalogen der bildenden Kunst das Bild »Der Schrei« des Malers Edvard Munch, auf dem der Schrei eines Menschen die Natur erfüllt. Aus der Literatur und der persönlichen Lektüre von »Hunger« war mir die realistische Dichtung Knut Hamsuns bekannt, der das soziale Elend Skandinaviens darstellt. Die Seelendramen eines August Strindberg und eines Henrik Ibsen haben den modernen Menschen mit seinen Problemen in die Literatur eingeführt.

Ich überlegte mir, ob eine Reise im Stil einer Bildungsreise des 18. und 19. Jahrhunderts vielleicht informativer für mich gewesen wäre, als mit dem Flugzeug die Strecke München Oslo zurückzulegen. Aus Zeitmangel konnte ich den Vergleich nicht anstellen. Ich malte mir aber aus, wie es gewesen wäre, in Etappen von zweihundert Kilometern mit Unterbrechungen anzureisen und dann mit dem Schiff von Hamburg nach Oslo zu fahren, anstatt zu fliegen. Für Körper, Geist und Seele wäre es bekömmlicher gewesen, als zu warten, bis sich nach einem zweistündigen Flug die Seele, also meine Gefühlswelt, in Oslo mit Körper und Geist vereint. Urlauber sagen, es dauere manchmal drei Tage, bis sie sich in der neuen Umgebung eingelebt hätten.

Aus Zeitgründen nahm ich das Flugzeug. Doch so einfach war der Flug nicht zu bewerkstelligen. Von München gab es keinen Direktflug nach Oslo, sondern nur mit der KLM, d.h. Zwischenstopp und Umsteigen in Amsterdam. Auch dies war interessant, denn ich machte meine Erfahrungen mit der Güte der Fluglinien und der Flughäfen. Besonders gut gefielen mir die innen wie außen optisch schön gestalteten Flughafengebäude. Ihre technische Bauweise aus Stahl, Aluminium und Glas fängt die Lichtfülle ein. Die Rolltreppen helfen einem, die weiten Wege schnell zurückzulegen. Die Einkaufszentren erscheinen mit ihrer Holzverkleidung fast wie große Wohnstuben. Die geschmackvollen Restaurants erlauben einem, die Zeit angenehm zu verbringen. Nur nicht zu lang darf der Zwischenstopp sein, denn die in den Gebäuden elektrisch aufgeladene Luft verursacht Kopfweh.

Der Flug erlaubte mir, das Schwebegefühl für lange Zeit auszukosten. Durch die Fenster war der Blick über den Wolken zu genießen: blauer Himmel, weißgraue Wolken und unendliche Weite. Die Liedzeile »Über den Wolken muss die Freiheit unendlich sein ...« fiel mir ein. Der Anflug auf den Bestimmungsflughafen löste einen Ohrendruck und ein beklemmendes Gefühl im Magen aus. Das Schütteln und Rütteln, als das Flugzeug aufsetzte und über den holprigen Boden der Piste rollte, sagte mir, dass die Erde mich wieder hatte.

Angekommen, hieß es durch den Zoll zu gehen, elektronisches Durchchecken, wie am Beginn des Flugs, so auch am Ende. Auf dem rotierenden Fließband war mein Gepäck nicht zu finden. Die Stewardess notierte meine Hoteladresse und versprach mir, alles zu regeln. Ich fuhr mit meinem Handgepäck ins Hotel und von dort zum Tagungszentrum, das in den neuen Universitätsgebäuden im Stadtteil Blindern lag, um mich anzumelden und meine Kongressunterlagen abzuholen. Es erschien angenehm, dass alles geregelt war. Mit der Straßenbahn konnte ich in die Innenstadt gelangen. Der unterwegs verloren gegangene Koffer wurde mir am übernächsten Tag ins Hotel gebracht.

Mit dem Stadtplan orientierte ich mich in Oslo. Ein Norweger sagte mir: »In Oslo ist die Karl-Johans-Gate die Prachtstraße, die vom Ostbahnhof zum Schloss führt. Links und rechts von ihr sind die wichtigsten Gebäude und Museen zu sehen und zu finden.« Es war wirklich so, eine Prachtstraße mit imposanten Steinhäusern aus dem 19. Jahrhundert, die während der Gründerjahre des aufstrebenden Bürgertums von deutschen Steinmetzen erbaut wurden. Diese Straße führt entlang am Parlamentsgebäude, Stortinget, einem Rundbau aus Granit, an den im klassizistischen Stil erbauten Gebäuden der Universität, denen gegenüber sich das Nationaltheater befindet. Der Blick wurde beim Entlangschlendern der Straße auf das im klassizistischen Stil errichtete Schloss mit seiner hohen Fahnenstange gelenkt. Ja, ich kann sogar sagen, daraufhin konzentriert. Davor das Reiterstandbild des populären Schwedenkönigs Karl Johan, der in Opposition zu Kaiser Napoleon stand. Lediglich ein

Wachsoldat stand vor dem Schloss, das durch kein Eisengitter abgeschlossen wurde wie der Buckingham-Palast der englischen Königin in London.

Erst 1905 hatte sich Norwegen aus der Union mit Schweden gelöst und wurde eine konstitutionelle Monarchie. All dies geschah ohne Krieg, aufgrund eines Parlamentsbeschlusses in Oslo, das damals noch nach dem dänischen König Christian IV, ›Kristiana‹ benannt war, der die Stadt 1624 nach dem großen Brand wieder aufbauen ließ. Erst 1924/25 wurde sie in ›Oslo‹ umbenannt. Der Name Oslo leitet sich aus dem Altnorwegischen »ass lo« (= Gottesfeld) ab. Der Gott, der da gemeint war, war vermutlich der germanische Hammer werfende Gott Thor. Am Stortorv, meist kurz Torvet genannt, befindet sich die 1697 geweihte Var Freisers Kirke mit ihren Bronzetüren von 1938. Sie ist seit der Reformation eine evangelische Kirche. Im Inneren ist ein beachtenswertes Deckengemälde von H.L. Mohr (1936–1950) zu sehen. Die Kanzel und der Altar stammen von 1699, die Orgelfassade von 1727, wie auch die Glasfenster von E. Vigeland (1910–1914). In der 1949–1950 ausgebauten Erlöser-Kapelle befindet sich die Silberskulptur »Das letzte Mahl« von Arrigo Minerbi.

Es gibt zwar ein eigenes empfehlenswertes Edvard-Munch-Museum in Oslo. Doch viele seiner Bilder hängen in der Nasjonalgalleriet, dem Kunstmuseum in der Universitätsgata. Munch (1863–1944) hatte vor seinem Tod 1944 der Stadt Oslo 1 100 Bilder, 18 000 graphische Blätter, 4 500 Zeichnungen – aus dem bürgerlichen Leben seiner Zeit – und seine Briefsammlung mit Notizen geschenkt. Er offenbarte als Maler den Bildbetrachtern »sein Herz«. Seine farbigen, im Rhythmus des Jugendstils gemalten Bilder wie seine Graphiken möchten mit dem Betrachter ein Wechselgespräch über die großen Lebensthemen Angst, Liebe, Einsamkeit und Tod führen. Offen gestanden, nicht alle

Betrachter bewegen diese Themen, aber sie werden durch die Bilder mit ihnen konfrontiert. Deshalb blieb Munch unverwechselbar in seinem Maldrang, die eigenen Seelenregungen und die der anderen seiner Umgebung aufzudecken. Sein Gemälde »Angst« wirkte wie ein Aufschrei aller Gequälten. Erstaunlich ist, dass das Thema »Angst«, aufgrund der Ereignisse der Weltkriege und Hiroshimas, viele Menschen auch heute noch erfasst. In der Aula der Osloer Universität ist seine dekorative Arbeit über Leben und Forschen als Monumentalwerk zu sehen. Auf einzelne Räume verteilt, ist die größte zugängliche Sammlung der Graphik Edvard Munchs zu betrachten. Außerhalb Norwegens gewann er zuerst in Berlin, ab 1892, mit seinen Bildern von »Liebe und Tod« Beachtung. Bekannt war Munch vor allem als Porträtmaler, so z. B sein Porträt des deutschen Außenministers Walter Rathenau. Munch versuchte hinter die Maske der Menschen zu schauen. Verständlich, dass seine Malweise mit Rembrandts entlarvender Selbstanalyse in Verbindung gebracht wird.

Oslo ist auch die Stadt des Dichters Henrik Ibsen (1826–1906), der hier sein Abitur nicht bestand. Er wurde trotzdem ein berühmter Dichter, der, zunächst in Oslo, in der Tradition der Volksromantik schrieb. In Bergen war er als Theaterdichter tätig. Oslos ehrte ihn mit einem Bronzestandbild im Park vor dem Nationaltheater (=Nasjonalteatret). In seiner langen Schaffensphase wandelte er sich vom Idealisten zum Realisten. Seine großen in Rom entstanden Schauspiele »Brand« und »Peer Gynt« stehen sich diametral gegenüber. »Brand« ist ein Mensch im Sinne Sören Kierkegaards »Entweder-Oder«. Dagegen sind die Hauptgestalten in »Alles oder Nichts« und »Peer Gynt« in der Phantasie lebende Unhelden. In seinen Stücken konzentrierte sich Ibsen auf die Rolle des Zeitkritikers und Entlarvers der gesellschaftlichen Lebenslügen, so in »Stützen der Gesellschaft«. Sein Stück über die emanzipierte Frau »Nora oder ein Puppenheim« von 1879 rief vor allem in Paris Furore hervor, so dass sich die Pariser Gesellschaft bei Zusammenkünften ein »Gespräch über Nora und über Tuberkulose« verbat. Mit seinen Stücken hatte Ibsen den zerstörerischen Egoismus der Gesellschaft seiner Zeit getroffen. »Heute sind seine Stücke zeitfern und müssen aktualisiert werden«, meinte mein norwegischer Gesprächspartner in einem Restaurant an der Karl-Johans-Gate, das eine empfehlenswerte Küche hat.

Oslo erscheint als eine reiche Stadt. »Ja«, meinte mein norwegischer Universitätskollege, »es ist das Öl der Nordsee, das uns über Jahrzehnte den Wohlstand und die Sozialversicherungen gewährt und sichert. Endlich ist Norwegen nicht mehr das Armenhaus Europas, das von Fisch- und Holzhandel lebt. Die Zeiten können sich aber auch wieder ändern, wie wir aus der Geschichte wissen. Es gibt nach dem biblischen Muster fette und magere Jahre. Es heißt heute für die Regierung, vernünftig zu wirtschaften.« Seine Geschichtsansicht schien mir ein Produkt des in Oslo stattfindenden Geschichtskongresses zu sein, der sich vor allem mit der Globalisierung der Welt und ihren Folgen beschäftigte. Die Referate während des Kongresses versuchten zu zeigen, dass die Staaten große Kriege seit dem II. Weltkrieg zu vermeiden bemüht sind. Deshalb sind sie bestrebt, politisch und vor allem wirtschaftlich zusammenzuarbeiten. Die Wirtschaft wird immer mehr als die treibende politische Kraft wie auch als die Macht der gesellschaftlichen Umwälzungen gesehen. In den norwegischen Zeitungen wird immer wieder darauf hingewiesen, dass Norwegen zu den Erdöl exportierenden Ländern gehört und mit dem Ölpreis auch den Benzinpreis bestimmt. »Solange Norwegen Erdöl liefert, haben die Autoindustrie wie auch andere chemische Industrien eine Zukunft«, ist die überwiegende Meinung der Norweger.

Am wirtschaftlichen Erfolg scheinen nicht alle Norweger teilzuhaben. Ein Kioskbetreiber für Zeitungen und Erfrischungsgetränke erzählte mir im Gespräch: »Norwegen hat schon seine Preise. Wir können mit unserem monatlichen Verdienst so gerade noch leben. Viel können wir uns nicht leisten.« Ich war froh, mir beim ihm eine große deutsche Tageszeitung kaufen zu können, um etwas über die Ereignisse in Deutschland zu erfahren, denn in den großen englischen Tageszeitungen wird nur über England berichtet und auf Seite 10 über Europa und Deutschland. Es ist nun einmal so auf der Welt, dass die Zeitungen nur über ihr Land informieren. »Ja«, meinte der Verkäufer, »wir haben zu viele Steuern zu zahlen. Sie belasten den Gewinn der kleinen Leute. Aber wahrscheinlich ist es überall so auf der Welt in den Industrieländern. Die Regierung braucht Geld um die Sozialleistungen für die Bevölkerung zu erbringen und dies holt sie sich durch Steuererhöhungen.« Ich entgegnete ihm: »Der soziale Friede zwischen Bürger, Gemeinwohl und Staat, muss erbracht werden, um Unruhen und Depressionen in der Bevölkerung zu vermeiden. Auch in Deutschland haben wir dieselben sozialen Spannungen. Die Regierung muss die Bürger auf den guten Willen ansprechen, um am Gemeinwohl mitzuarbeiten.« Er meinte zu meiner Rede bloß: »Schöne Worte. Jede neue Regierung verspricht, es besser zu machen. Doch letzten Endes muss jeder Bürger schauen, wie er mit seinem verdienten Geld zurechtkommt. Es hängt immer vom Wollen und Können des Einzelnen ab.« Ich verabschiedete mich und wusste, dass es auch die Norweger, trotz ihres großen Bodenschatzes Erdöl nicht leicht haben.

Der Weltkongress der Historiker ließ mir nach den Empfängen in dem aus Klinkersteinen 1931–1950 erbauten Osloer Rathaus (Radhus), wuchtig mit seinen zwei Türmen, und auf der Burg Akershus, errichtet von Hakon V., mit seinem Blick auf die Nordsee, noch Zeit mit der Bahn zum Holmenkoll-Bakken zu fahren, wo die Olympischen Spiele in den 50er Jahren stattfanden und jährlich internationale Skiwettkämpfe ausgetragen werden. Die Sprungschanze wie die große Sportanlage sind in die Landschaft eingebettet. Diese empfundene Harmonie ist wohltuend und lädt hier zu Wintersport und Wandern ein.

Norwegens faschistische Vergangenheit zeigte sich auch, als im August während des Kongresses mit Springerstiefeln beschuhte kahlköpfige Jugendliche mit Fahnen auf der Karl-Johans-Gate entlang marschierten. Die Bewohner Oslos waren nicht davon angetan: »Auch das muss uns noch passieren. Sie schädigen nur das Ansehen Norwegens in der Welt.« Das Kollaborationsregime von Vidkun Quisling, dem Führer der norwegischen Faschisten, hatte enge Beziehungen zu Hitler-Deutschland. Norwegen tat sich schwer mit der Aufarbeitung seiner Vergangenheit nach dem II. Weltkrieg. Jetzt erst waren Bücher über die Zeit des II. Weltkrieges in den Auslagen der Buchläden zu sehen. Wahrscheinlich hatten die Menschen angesichts der Hungersnot und der schlechten Wirtschaft nach dem I. Weltkrieg (1914–1918) den geistigen, kulturellen und politischen Umbruch Europas nicht erkannt. Sie hatten genug Mühen, überleben zu können, anstatt sich auch noch um die Politik zu kümmern. Wahrscheinlich vollzogen sie das politische Geschehen nur passiv mit. Deshalb kann die ältere Generation der Jugend kaum etwas erzählen, was sich damals ereignete. 1997 verfasste das norwegische Justizministerium den »Reisel/Bruland-Report«. Es wurde daraufhin ein »Holocaust-Senter« in Oslo initiiert, das in dem wuchtigen Gebäude, das Vidkun Quisling als Residenz diente, seinen Platz hat. Das Zentrum will Forschungsinstitut für Konflikte mit Minderheiten im In- und Ausland sein. Auch Norwegen verfolgte während des II. Weltkrieges seine 2 200 in Oslo und Bergen lebenden Juden, von denen im Jahr 1942: 767 nicht mehr nach Schweden fliehen konnten und über Stettin nach Auschwitz transportiert wurden. Dieses Geschehen ist nicht in die kollektive Erinnerung Norwegens eingegangen. Es wurde erst durch die Aussage eines prominenten Widerstandskämpfers, der den für die Deportation verantwortlichen Polizeichef nach 1945 wegen seiner Kontakte zum Untergrund in Schutz nahm, publik. Auf dem Kongress lagen die Bücher auf, die die Zusammenarbeit von Norwegern und Deutschen während der Zeit von 1939–1945 aufzeigten.

Es lohnt sich, in den Straßencafes der großen Einkaufszentren am Hafen zu sitzen und sich das verschiedene Blau des abendlichen Himmels mit den gelben Streifen am Horizont anzusehen. Von der See weht ein kühler Wind und die Schiffe im Hafen zeigen ihre Beleuchtung, die sich im leicht bewegten dunklen Wasser des Hafens spiegelt. Die vorbeigehenden Männer, Frauen und Kindern scheinen diese Abendstimmung zu genießen.

Ich verließ Oslo nach einer Woche, um zu dem nächsten Kongress, ISSEI (=International Society Searching for new European Ideas) nach Bergen zu reisen, wo ich zwei Seminare, Workshops, zu leiten und zwei Referate zu halten hatte. Kollegen in Oslo rieten mir mit der Eisenbahn zu fahren, um das eindrucksvolle Naturpanorama der Bergwelt Norwegens zu erleben. Wirklich eine erlebnisreiche vierstündige Fahrt an Bergen vorbei, deren Schnee im August bis an dem Bahndamm reichte; an klaren Bergseen vorbei, in denen sich der Himmel spiegelte und dann der Blick in die tief eingeschnittenen Fjorde mit ihren steilen Felswänden. Wie gesagt, Worte reichen nicht aus um diese Eindrücke zu beschreiben. Vielmehr müssen sie erlebt und verinnerlicht werden.

In Bergen angekommen, stellte einer der Mitreisenden die Frage: »Wie klingt der Norden? Wie tönt eine norwegische Stabkirche? Haben sie eigene Sounds? Wie mag Musik klingen, die Schnee in der Sonne beschreibt? Wie klingt die Melodie eines gefrorenen Wasserfalls oder einer Rauchsäule, die aus dem Schornstein aufsteigt?« Ich war über diese Fragen überrascht. Der Mann trug einen Geigenkasten. Er erzählte mir, dass er in der Grieg-Akademie zu Bergen Lehrer sei und ich könne mir sein Grieg-Konzert anhören. »Sie vermögen aus geographischen Bezeichnungen Klangvorstellungen abzuleiten. Sie haben auch Vorstellungen, wie eine Symphonie klingt, eine Klaviersonate, ein Streichquartett oder eine Ballade. Sie haben die Bahnreise durch die Bergwelt erlebt und sie werden in der Geburtsstadt Edvard Griegs seine Musik mit anderen Sinnen hören und verstehen.« Ich beschloss die Anregung in mein Tagungsprogramm aufzunehmen. Auf meinem Gang zum Hotel durch die Innenstadt stieß ich auf Statuen des Komponisten. Es soll sechs von ihnen allein in Bergen geben. So haben die Bergener ihren Komponisten verehrt.

Das komfortable Hotel lag am Hafen, von dessen Fenster ich auch einen Blick auf die alte Festung Bergenhus, den ehemaligen Wachposten am Eingang der durch regen Schiffsverkehr belebten Hafenbucht Vagen, und somit ältesten Stadtteil Bergens, die sich nordöstlich am Abhang des Floifjell hinzieht. Beim Anblick des Schlosses mit Mauern und Wällen wurde die Zeit der Wikinger wach. Ich besuchte das Schloss und staunte über seine große Halle, die einst von den Wikinger angelegt wurde. Es wird viel von den Eroberungszügen der Wikinger berichtet und dabei vergessen, dass sie eine für die damalige Zeit moderne Staatsform mit Gesetzen und Ordnungen entwickelten. Am Festningkai erhob sich der von Erik Rosenkrantz um einen alten Kern aus dem 13. Jahrhundert aufgebaute Rosenkranzturm von 1567. Dahinter die Hakonshalle, 1247 von König Hakon Hakonsson im englisch-gotischen Stil begonnen und nach ihrem Verfall 1880–1895 wieder hergestellt. Die Halle ist mit Wandgemälden von Gerhard Munthe (1914) ausgeschmückt. In ihrem Museum waren Waffen, Schiffe und eine Ansicht der Lage Bergens und seiner Handelsbeziehung zu sehen. Bergen war Hansestadt von 1236 bis 1559 und spielte eine wichtige Rolle im Nordhandel der Hansa. 1764 wurde das letzte Gebäude des Hansa Kontors an einen Norweger verkauft. Die romanisch-gotische Marienkirche aus dem 12. Jahrhundert gehörte von 1408 bis 1768 den Hanseaten, in ihr wurde bis 1868 deutsch gepredigt. Auf dem alten Friedhof sind noch einige deutsche Gräber zu entziffern.

Von den einst charakteristischen Holzhäusern des Geschäftsviertels ist heute nichts mehr zu sehen, denn verheerende Brände bereits 1702 und dann 1916, 1955 und schließlich 1958 hatten sie in Schutt und Asche gelegt. Das Stadtzentrum Bergens vermittelt seit je eine eigentümliche Puppenstubenartigkeit, so dass sogar die örtliche McDonald's-Filiale in ein Holzgebäude im Stil der alten Kaufmannshäuser des Stadtviertels Bergyggen gezwungen wurde. Bei schönem Wetter, Postkartenwetter, leuchten die bunten Farben der Häuser, und der Himmel spannt sich in einem intensiven Blau darüber, und das Meerwasser zeigt sich blaugrün. Einer der Museumsführer erzählte mir: »Die Häuser rund um das Hafenbecken sind nach dem Krieg aus Stein wieder aufgebaut worden. Kurz vor Kriegsende detonierte ein deutsches Kriegsschiff im Hafen und zerstörte die Hafenstadt. Ja, die Druckwelle der Explosion deckte auch die schönen gotischen Kirchen ab. Mehr als 500 Menschen wurden in den Tod gerissen und viele andere wurden verletzt und obdachlos. Die Deutschen als Besatzungsmacht verrieten niemals, wieviele ihrer eigenen Leute umkamen. Auch nach dem Krieg verliefen die Untersuchungen über die Explosion im Sande. Keine Untergrundgruppe, die gegen die Deutschen kämpfte, meldete sich, dass sie diesen Anschlag ausgeführt habe.« Der Museumsführer meinte, mit der Hand ein wegwerfendes Zeichen machend: »Warum auch? Es war keine Widerstandstat noch Befreiungsaktion.« Ich verstand ihn in seiner geschichtlichen Beurteilung der Tat. Denn die vielen Toten und der große Sachschaden erlaubten kein Rühmen. Die Berger haben nach dem Krieg alle Spuren der bösen Tat verwischt. Nur eine Gedenktafel erinnert noch an das Geschehen.

Beim Gang um den Hafen stieß ich auf den Fischmarkt und bewunderte das große Angebot an frischem Fisch. An einem Stand aß ich einen frischen Hering mit Zwiebeln, der ganz anders schmeckte als die Fischsemmeln bei mir zu Hause. Da ich täglich über den Fischmarkt (= Torvet) zur Universität, in der der Kongress stattfand, gehen musste, unterließ ich es nicht, mir immer wieder eine frische Fischsemmel zu kaufen. Der Fischgeruch fiel nicht besonders auf, denn die ganze Stadt riecht nach Fisch.

Vom Markt führt die Kong-Oscars-Gate an der 1170 erbauten Korskirke (= Kreuzkirche) vorbei zu der 1248 ursprünglich als Klosterkirche erbauten Domkirche, die 1537 erneuert und 1870 wiederhergestellt wurde. In ihr sind die schönen gotischen Fenster und die Gemälde der evangelischen Bischöfe von der Reformation bis heute zu sehen. Die Kong-Oscars-Gate endet mit dem 1628 erbauten Stadttor.

Eigenartig, wenn sich auch Bergen über die Jahrhunderte eine seltsame Zeit- und Bewegungslosigkeit bewahrt hatte, so war kaum Greifbares aus Griegs Tagen vorhanden. Nur sein Geburtshaus an der Strandgaten, der Hauptgeschäftsstraße durch die Innenstadt, ist erhalten, dessen Hausnummer zu Griegs Zeiten 152 lautete, genau so viele Zentimeter wie er selbst maß. Ebenfalls an der Strandgaten steht die Svane-Apotheke, die die älteste Norwegens ist. Der Vater des Geigers Ole Bull war dort Apotheker und ein Freund der Griegs. Er empfahl der Familie

Grieg, ihren Sohn Edvard zur musikalischen Ausbildung nach Leipzig zu schicken. Bull als Kenner der Volksmusik aus der Handanger-Region machte den jungen Grieg auf die Heimatmusik aufmerksam und forderte ihn auf, einen norwegischen nationalen Musikstil zu schaffen. Darin liegt Griegs musikalische Besonderheit. Im Schatten des aus Granit gebauten Doms steht noch heute die »Tanke Skol«, die einst Grieg widerwillig besuchte.

Inmitten eines Parks an der Kalingaten liegt der Lille-Lungegarsds-Vann, ein See, aus dem eine Fontäne aufsteigt. An der Südseite des Sees befindet sich die Kunstsammlung, die der Kaufmann Rasmus Meyer der Stadt vermacht hat. In unmittelbarer Nähe ist das Vestlandske Kunstindustriemuseum mit Kunstgewerbe zu sehen. Im selben Gebäude sind das Fischereimuseum und die städtische Bildergalerie mit Werken norwegischer Maler des 19. und 20. Jahrhunderts untergebracht. Es lohnt sich wegen der Edvard-Munch-Gemälde die Bildergalerie aufzusuchen, um das große Schaffenswerk Munchs zu erfassen. Auch die uns kaum bekannten skandinavischen Künstler, die im feinkolorierten Stil die Lebenswelt der Skandinavier wiedergeben, sind zu beachten, denn sie zeigen die aufbrechende Moderne an. Die Künstler J.C. Dahl und H. Gude stellen eine luftige, freundliche, moderne Bürgerwelt um 1900 als Gegenwelt zu der der bombastischen des deutschen wilhelminischen Kaiserreiches dar. Nicht nur Dramen, Musik, sondern auch Bilder lassen das Neue der kommenden Zeit erkennen. Auch heute überzeugt das Einfache des norwegischen Kunststils in Möbeln, Gebrauchsgegenständen und Bildern.

Am Marktplatz ist das Denkmal des in Bergen geborenen Dichters Ludvig Holberg, eines Zeitgenossen Johann Sebastian Bachs, zu sehen. Er ist der Schöpfer des dänischen Lustspiels. Zu seiner feierlichen Denkmalenthüllung 1883 komponierte

Grieg »Aus Holbergs Zeit«, eine »Suite im Alten Stil«, wie der Komponist das ursprünglich für Klavier geschriebene und später für Streichorchester arrangierte Werk selbst nannte. Eine gute Idee, anstatt der sonst so vielen gehaltenen Reden, die vergessen werden. Doch durch Griegs Musik wird das Gedächtnis an Holberg erhalten bleiben.

Am Abend besuchte ich die Grieg-Akademie, eine der weltweit führenden Musikhochschulen, in die nach strenger Auslese nur dreißig Bewerber jährlich aufgenommen werden. Sie steht gegenüber der Grieg-Halle, dem in Gestalt eines Konzertflügels entworfenen größten Musiksaal Bergens. Es wurde Griegs Klavierkonzert a-Moll gespielt. Ich lauschte seiner Klangsprache, die wenig mit den Klängen der deutschen Romantik gemein hatte, aber sehr verständlich ertönte. Sie schmeichelte sich ein, ohne restaurative, beliebige Tonkränze zu flechten. Im Gegenteil erschien das absteigende Eröffnungsmotiv des a-Moll-Klavierkonzerts eine klingende Visitenkarte seiner Heimat zu sein. Die Klangszenen beschrieben die Reinheit eiskalten Wassers, den Flug der Vögel am Horizont, einen ausgelassenen Bauerntanz, Naturimpressionen, Seelenstimmungen. Das Gespräch mit dem Mitreisenden nach Bergen, mit seiner Frage »Wie klingt die Melodie eines gefrorenen Wasserfalls?« fiel mir wieder ein. Grieg hatte sie mit seiner Musik beantwortet. Die Melodien aus seiner Peer-Gynt-Suite, die auf Anregung des befreundeten Dramatikers Henrik Ibsen entstanden waren, erschienen als musikalische Bilder aus Skandinavien.

Über seine Musik sprach Edvard Grieg sehr bescheiden: »Künstler wie Bach und Beethoven haben Dome und Tempel auf den Höhen errichtet, ich wollte lieber, wie Ibsen es ausdrückte, Wohnstätten für meine Mitmenschen bauen, in denen sie sich zu Hause fühlen und glücklich sein sollen.« Verständlich, dass Grieg in Norwegen schon zu Lebzeiten als Volksheld verehrt wurde. Seine Musik spiegelte die Mentalität der Norweger und den Glauben an den Einklang mit der Natur wider. Sein Schaffen fiel mit der Loslösung Norwegens aus der ungeliebten Union mit Schweden 1905 zusammen. Es grenzte an ein Wunder, dass dies in einer vom Kriegsgeschrei erfüllten europäischen Zeit ohne einen skandinavischen Krieg geschah. Nicht umsonst wird der Friedens-Nobelpreis jährlich in Oslo verliehen.

In Bergen soll es viel regnen, wird gesagt. Ich hatte dies bei meinem einwöchigen Aufenthalt nicht erlebt. Vielmehr besuchte ich den Botanischen Garten, der nördlich der Universitätsgebäude auf einer Anhöhe liegt. Beim Spaziergang mit Kollegen durch den Garten bewunderte ich den Wuchs seiner mediterranen Bäume und Pflanzen. Dies ist nur möglich, weil die Ausläufer des Golfstroms in Bergen ein mildes Klima schaffen, in dem es im Winter wenig scheint.

Wer durch Bergen geht, spürt an den prächtigen Gebäuden der Stadt, an den Neubauten der Universität den Reichtum der Stadt. Verständlich, dass eine fröhliche Jugend aufwächst, die am Schuljahresende in der Hauptstraße (= Torvalm) ihre noch gut erhaltenen Bücher an die Schüler und Schülerinnen der kommenden Klasse verkauft.

Auch in Bergen wird der Widerstandskämpfer gegen die deutsche Besatzungsmacht gedacht. Vor dem Theater am Ole-Bulls-Plass ist für sie eine Bronzefigurengruppe aufgestellt. In ihrer beeindruckenden Aussage steht sie im Gegensatz zu den heroischen Widerstandsfilmen aus Hollywood, wie »Die Helden von Telemark« mit Kirk Douglas und Richard Harris in den Hauptrollen. Die Hollywoodfilme lassen kaum das schreckliche Ende der Widerstandskämpfer, die von den Deutschen erschossen wurden, erahnen. Durch die Gedächtniskultur ist die Geschichte eines Volkes nicht tot, sondern lebendig, und hilft der Jugend sich neu auszurichten.

Bergen lebt mit seiner geschichtlichen und kulturellen Vergangenheit. Die Menschen in Bergen sind selbstbewusst und verantwortlich. Das Hafengelände mit seinem großen Markt scheint ein Mittelpunkt der Stadt zu sein. Einen weiteren bildet der Park mit dem See, um den sich die Museen gruppieren. Auch das Grieg-Musikzentrum erregt die Aufmerksamkeit der Besucher von Bergen. Die Universität von Bergen, mit ihren Studenten, bringt Leben in die Stadt. Natürlich muss darauf hingewiesen werden, dass Bergen am Ende eines Tales liegt, wo sich der Dom und die Häuser bereits an den Berghang schmiegen. Damit wird wiederum deutlich, dass sich die Bewohner Norwegens überwiegend an der Küste angesiedelt und niedergelassen haben.

Dies zu erforschen wäre eine Reise wert. Bergen ist eine reiche bürgerliche Stadt mit vielen Jugendstilbauten, die von deutschen Baumeistern errichtet wurden. Schade, dass während des Augustmonats das Theater geschlossen war. Ich hätte gerne ein in norwegischer Sprache inszeniertes Theaterstück besucht. Kollegen sagten mir: »Kommen Sie wieder, es lohnt sich, Bergen zu besuchen.«

Der Ossiacher See

Einer der wärmsten Seen Österreichs, im Kärntnerland, ist der Ossiacher See zwischen Villach und Klagenfurt, nordöstlich des Wörthersees. Er ist ein von sanften, gleich Wellen dahinziehenden, bewaldeten Bergen, deren keiner ihre Höhe über 1 000 bis 2 000 Meter ansieht, umrahmter See, wie fast alle in den Alpen liegenden Seen Österreichs. Im Norden erhebt sich die fast 2 000 Meter hohe Gerlitzen. Am Südufer, Richtung Villach, liegt die Burgruine Landskron, die einst dem Kärtner Landhauptmann Christoph Khevenhüller gehörte. Er wurde mit seinem Geschlecht in der Reformationszeit evangelisch. Es war eine religionspolitische Entscheidung, die die Eigenständigkeit der Adeligen gegenüber den mächtig werdenden Landesherrn stärkte. Die Khevenhüller wanderten wegen ihres evangelischen Glaubens nach Nürnberg ins Deutsche Reich aus. Die einst mächtige Burg, die die Türkeneinfälle abwehren sollte, wurde durch Blitzschlag im 19. Jahrhundert zerstört. Heute ist die Burgruine zu einem Restaurant ausgebaut, von dessen Terrasse aus ein Blick auf die im Flussbett der Drau gelegene Stadt Villach, die slowenischen Berge und das umliegende bewaldete Bergland gegeben ist. Im weiten Areal der Burgruine befindet sich eine Falknerschule, die Flugvorführungen der Adler und Falken zeigt. Majestätisch kreisen diese selten gewordenen Vögel über Landskron.

Während der Gegenreformation fiel die Burg an die Habsburger, die gewaltsam und zusammen mit dem Jesuitenorden die überwiegend evangelische Bevölkerung katholisch machten. Die Evangelischen, die ihrem Glauben treu blieben, wanderten entweder aus oder gingen in den Untergrund, waren somit Krypto-Protestanten. Als Kaiser Joseph II., der Sohn Maria Theresias, 1781 das Toleranzpatent verkündete, also Religionsfreiheit gebot, ließen sich die im Verborgenen lebenden Evangelischen in die Bezirksamts- und Gemeindeamtsbücher als evangelisch-lutherisch einschreiben.

Die Zeit ist am Ossiacher See nie still gestanden. Erdbeben haben Felsen zum Einstürzen gebracht und Dörfer und Städte in Schutt und Asche gelegt. Aus dieser schrecklichen Vergangenheit ist in Treffen noch heute das Gemälde eines Erdbebenhundes zu sehen.

Menschen und Völkerschaften haben in Urzeiten gerne am Ossiacher See gesiedelt und ihre Spuren hinterlassen. Die Archäologen haben schöne Fund- und Schmuckstücke freigelegt und erhellen so die Urgeschichte dieser Gegend. Die Kelten hatten Jahrhunderte vor Christi Geburt in Kärnten eine Eisenindustrie aufgebaut und mit deren Produkten gehandelt. Deshalb wurden sie von den Römern nie unterworfen, sondern als ebenbürtig angesehen, und mit ihnen wurden Handels- und Verwaltungsverträge abgeschlossen. Bis zur großen Völkerwanderung lebten Römer und Kelten in Kärnten und der Steiermark, der römischen Reichsprovinz Noricum, friedlich zusammen. Davon zeugen die römische Straßenführung und Verwaltungszentren, die auch heute wiederum Verwaltungsstädte sind. An der Außenmauer der alten Wehrkirche in Tiffen, im Nordosten des Sees, sind römische Steinreliefs angebracht, die fein herausgehauene Pferdeszenen und Bachantentänze zeigen. In der Kirche finden sich römische Sarkophage und eine Reliefbüste eines vornehmen römischen Ehepaares. Die Kirche selbst ist, was selten zu sehen ist, eine zweischiffige gotische Hallenkirche. Sie ist dem Apostel Jakobus dem Älteren geweiht und erinnert daran, dass hier einst der Jakobuspilgerweg nach Santiago de Compostela, Spanien, vorbeiführte. Tiffen war im Mittelalter eine Mautstelle an der Straßenverbindung von Friesach nach Villach. Die großgebauten Gehöfte und Scheunen lassen dies erkennen. Heute lässt Tiffen durch eine gute Trachtenkapelle aufhorchen. Volksmusik und Musik werden in den Dörfern abseits der Autostraßen gepflegt.

Der See hat seinen Namen vom slawischen Wort »osoje«, was soviel wie »Schattenseite« heißt. Die hohe Bergkette an der Südseite des Sees lässt von Herbst bis Frühjahr diese Uferseite im Schatten sein. Trotzdem haben hier die Mönche gesiedelt und im achten Jahrhundert ein großes Benediktinerkloster errichtet. Heute steht nur noch das vierseitige Stiftsgebäude um den Klosterinnenhof und die barockisierte gotische Stiftskirche aus dem elften Jahrhundert. Alle anderen Gebäudekomplexe sind nach der Klosteraufhebung durch Kaiser Joseph II. 1783 abgerissen worden. »Sic transit gloria mundi«, sagt ein Touristenführer im Festsaal des ehemaligen Stiftsgebäude, als er uns das Deckenfresko der Kärntner Erbhuldigung Kaiser Karls VI. aus dem Jahr 1726 ausdeutet. »Sie dürfen sich die Klosterauflassung nicht als einen kirchenfeindlichen Akt vorstellen, wie immer wieder gesagt wird, sondern sie geschah im Zuge der Staatsreformen der Aufklärung. Es wurde alles rational und nach dem

Standpunkt der Nützlichkeit ausgerichtet. Auch Klöster wurden diesem Gesichtspunkt der Nützlichkeit und der Wirtschaftlichkeit unterworfen. Nur die Klöster, die in der Erziehung, Wissenschaft, Kunst und Seelsorge tätig waren und wirtschaftlich mit Gewinn arbeiteten, blieben bestehen, während die kontemplativen Orden, die sich der Meditation und der geistlichen Beschauung widmeten, aufgelöst wurden. Wir haben in Österreich heute noch großen Klöster mit geistlicher Ausstrahlung, denken Sie an Admont.«

Auch heute lässt sich noch erkennen und fühlen, dass die Säkularisierung den übriggebliebenen Klostergebäuden nicht ihren Geist und ihre Ausstrahlung rauben konnte. So ist es auch hier. Wer durch die Gebäude des Ossiacher Stifts mit seinen Sälen geht, spürt, hier herrscht eine andere Welt als draußen. Sie erhebt den Menschen, lässt ihn aufrecht gehen und erahnen, wie das Menschsein sein könnte. Selbst der barockisierte Innenraum der gotischen Hallenkirche, der mit Fresken von Josef Ferdinand Fromiller und von Jakob Köpf ausgemalt ist, führt den Besucher ein in die religiöse Heilswelt mit ihren Heiligen. Der Blick wird auf den Hochaltar mit dem Gnadenbild der Muttergottes gelenkt. In der Taufkapelle findet sich der Stiftersarkophag des Kärtner Grafen und Gewaltboten Ozi und die fragmentiert erhaltene Inschrift von 1615 für die Klostergründerin Irenburg, der Frau Ozis. Es war um Tausend nach Christus ein typisches Familienkloster nach Eigenkirchenrecht und wurde dann dem Patriarchen von Aquileja übergeben, der es später dem Salzburger Erzbistum unterstellte.

Das Kloster hatte einst eine weitreichende geschichtliche Bedeutung. In ihm verbüßte der Polenkönig Boleslaus II. bis zu seinem Tod 1080 die ihm vom Papst auferlegte Kirchenbuße wegen Ermordung des Krakauer Bischofs. Sein Grab an der Ostaußenseite der Kirche, versehen mit einem Pferderelief aus der Römerzeit, trägt die lateinische Inschrift: »Rex Boleslan Polonias Occisor St. Stanislai Episcepi Cracowennsis«. Im Mittelalter war dieses Grab das Ziel vieler polnischer Wallfahrer. Ja, sie waren auch der Anlass zur Gegenreformation. Denn es ging das Gerücht im Lande umher, dass die Evangelischen den sterbenden katholischen polnischen Pilgern die letzte Ölung verwehrten. Nun dies stimmte nicht. Doch es hatte seine Wirkung gegen die Evangelischen ausgelöst.

Beim Besichtigen der Glasfenster, die von örtlichen und auswärtigen Wohltätern dem Kloster geschenkt wurden, fällt das Karl-May-Fenster auf, das zwei schmale Glasfenster mit Widmung an die Gottesmutter als Beschützerin Ossiachs und den benediktinischen Leitspruch mit dem Klosterwappen zeigt. Die Inschrift lautet: »von Karl May samt Gemahlin, Radebeul und Dresden 1905 gestiftet«. Karl May war nie in Ossiach, sondern kam dem Spendenaufruf des Ortspfarrers nach und so zu seinem Fenster. Interessant ist zu wissen, dass sich um 1905 Sigmund Freud des Öfteren als Sommerurlauber in Ossiach aufgehalten hat.

Das Kloster mit seiner großen Wirkgeschichte ist nicht untergegangen, sondern bietet seit 1969 in der Stiftskirche den festlichen Rahmen für die Konzerte des »Carinthischen Sommers«. Die Orgel auf der Hauptempore aus dem Jahr 1971 ist dem berühmten Pianisten Wilhelm Backhaus gewidmet, der in dieser Kirche im Juni 1969 seinen letzten Klavierabend gab. Ich selbst konnte in der Stiftskirche die Aufführung des geistlichen Singspiels »Die Schuldigkeit des ersten Gebotes«, ein Werk des zehnjährigen Wolfgang Amadeus Mozart, erleben. Es wurde mit einführenden und begleitenden neuen Texten von Friederike Mayröcker und musikalisch von Rudolf Jungwirth ergänzt. Der barocke Kircheninnenraum war die geeignete Kulisse für dieses barocke Musikdramas. Den Gesprächen der Besucher war anzumerken, dass sie sich durch die spannungsreiche Aufführung, die die Entscheidung des Menschen zwischen Weltengeist und Christusgeist offen lässt, angesprochen fühlten. Meine Bekannten meinten: »Ja, der offene Schluss des über 200 Jahre alten geistlichen Singspiels spricht auch den modernen, technischen Menschen unserer Zeit an. Er erscheint aktuell und macht betroffen; denn der Mensch jeder Generation steht vor der Sinnfrage: Wie entscheide ich mich? Jeder muss die Frage selbst beantworten.«

Ich selbst bin immer wieder überrascht, wie diese geistliche Musik Mozarts in den barocken Kirchen zum Klingen kommt. Ja, die Kirchenfresken haben mich keineswegs vom Aufführungsgeschehen abgelenkt. Von Anfang an war die Wechselbeziehung zwischen mir und dem Werk hergestellt. Der geschichtliche Abstand der Jahrhunderte war aufgehoben und der Text wie auch die Musik wirkten direkt auf mich ein. Wie mir ist es fast allen Besuchern ergangen. »Ja«, hörte ich einen Besucher sagen, »das Genie zeigt sich bereits in jungen Jahren. Erstaunlich, dass ein Zehnjähriger bereits die zwei Sphären, in denen jeder Mensch steht, musikalisch so ausdrücken konnte«. Mir selbst kam der Gedanke, dass die Kirche auch heute noch den Menschen immer wieder auf das Wesentliche seines Lebens anspricht. Das Nachgespräch zu dem festlichen Abend vertiefte ich mit meiner Frau in der Klosterwirtschaft mit einem österreichischen Rotwein, einem »Blauen Zweigelt«.

Die Gegend um den Ossiacher See ist Agrarland. Obwohl viele Bauernhöfe aufgelassen sind und Baugrund zum Kauf angeboten wird, wird noch Roggen und Weizen angebaut. Das viele Obst wird zum Teil verkauft und aus dem Rest wird Obstler gebrannt, der hervorragend schmeckt. Der Großteil der Bevölkerung hat sich auf den Fremdenverkehr eingestellt. Die Touristen kommen immer wieder gerne her, weil das Klima mild ist, weil die Landschaft menschenfreundlich ist. Selbst der Komponist Gustav Mahler verbrachte um 1900 hier in der Gegend mit seiner Familie seine Sommerurlaube und baute sich ein Holzhaus in dem Wald, um dort seine Naturerlebnisse in Noten auszudrücken. Das Trinkwasser der Gegend ist gutes, erfrischendes Quellwasser ohne Kalkgehalt. Daher werden die Einheimischen fast hundert Jahre alt. Die Touristen in ihren Apartmenthäusern genießen das milde Klima, das gute Wasser und baden gerne im warmen Ossiacher See. Auch die einheimischen Speisen sind köstlich zubereitet. Das typische Kärntnergericht sind die »Bunt Nudeln«. Es sind gefüllte Nudeltaschen mit Topfen, Spinat, geriebenem Rehfleisch und geschnetzeltem Schweinefleisch. Dazu schmeckt herrlich ein Glas »Grüner Veltliner«. Natürlich sind auch die Wildfleischgerichte mit einem guten österreichischen Rotwein, einem »Blaufränkischen« zu empfehlen. Es ließen sich noch so viele Gerichte der heimischen Küche Kärntens aufzählen. Ich kann nur sagen: Fahren Sie nach Kärnten und besuchen Sie den Urbani-Wirt von St. Urban am Ossiacher See, am Fuße der Gerlitzen und probieren Sie sie dort in der alten gemütlichen Wirtstuben aus. Ein Spaziergang zur Gerlitzen führt an dem »Urbanistöckl« vorbei, einem Gerichtsgrenzstein aus dem sechzehnten Jahrhundert, der die Grenze der Landgerichte Villach und Feldkirchen anzeigte. Das Land um den Ossiacher See zeichnet sich durch eine durch Jahrhunderte gepflegte Volkskultur aus. Die Abende der Musikkapellen am See in ihren Trachtenkleidungen lassen erkennen, dass die farbenfrohe Männertracht und Dirndltracht von bäuerlichem Stolz zeugen. Musik hat Tradition in Österreich. Nicht umsonst heißt es: »Das klingende Österreich«. Ja, in Bodensdorf gibt es eine gute Musikschule, in der Jugendliche das Instrumentenspiel erlernen.

Jeden Montagabend ist Bauernmarkt in Bodensdorf. Gegenüber dem Spareinkaufszentrum auf der anderen Straßenseite reihen sich Verkaufsstände, Tische und Bänke aneinander. Ja, ein Livemusiker unterhält mit modernen Liedern die Besucher. Aus der Umgebung, sogar aus Italien, Friaul, kommen die Anbieter mit ihren Verkaufswägen und halten guten Bergkäse, Wein und Schinken feil. Es sind köstliche Produkte, die frisch schmecken und im Freien, in Gemeinschaft bei Musik besonders gut munden. Die Einheimischen bieten ihre selbst zubereiteten Mehlspeisen an. Es ist ein einmaliges zu Kaffee schmeckendes Kuchengebäck. An den aufgestellten Tischen wird Hausmannskost, Blut- und Schweinswürste und Bratenfleisch verspeist und gutes Bier dazu getrunken. Einheimische und Touristen kommen beim Essen ins Gespräch. Natürlich wird Wein und Obstler zum Verkosten und Kaufen angeboten. Einige Stände bieten antiquarische Bücher und militärische Auszeichnung aus der Zeit der k.u.k. Monarchie zum Kaufen an. Der Bauernmarkt jeden Montagabend ist ein Treffpunkt, der jeden auf seine Kosten kommen lässt.

Wintersportmöglichkeiten gibt es auf der 1906 Meter hohen »Gerlitzen«. Mehrere Lifte führen auf das Gipfelplateau, das zu einem idealen Skigebiet mit einem Umfang von ca. 18 Kilometern ausgebaut ist und allerhand Abfahrmöglichkeiten bietet. Daneben gibt es noch eine schöne Langlaufloipe, Ski- und Skibobschulen, sowie einen Skikindergarten. Skifreunde kommen hier auf ihre Kosten. Im Sommer lässt sich auf dem Bergplateau gut wandern und die nicht ferne slowenische Bergwelt bewundern.

Die waldreiche und zerklüftete Gerlitzen, auf die ein mühsamer Aufstieg vier Stunden dauert, ist Heimat vieler Sagen. Eine Sage berichtet von der tragischen Wechselbeziehung zwischen einem jagdleidenschaftlichen Grafen und einem weißen Rehbock. Dem Grafen schenkte seine Frau einen Sohn. An dessen Wiege erschien dem glücklichen Ehepaar St. Hubertus und sagte: »Diese Burg bleibt so lange bestehen, bis du den weißen Rehbock wieder gesehen hast.« Der Graf verstand die Warnung dieses Satzes nicht, sondern pirschte nach dem weißen Rehbock. Ja, er nahm auch seinen erwachsenen Sohn mit auf die Jagd. Anlässlich einer Feier rief er seine Festgesellschaft auf, mit ihm den weißen Rehbock zu jagen. Ihm gelang es, das Tier zu sehen, und er setzte ihm nach. Als er seinen Speer nach dem Bock warf, war dieser plötzlich verschwunden. Der Graf war verwundert. Ja, er merkte, dass er diese Waldgegend noch nie betreten hatte. Als er nach langem Suchen müde sein Schloss erreichte, wurde ihm vermeldet, dass sein Sohn zu Tode gestürzt sei. Der Graf wurde über das Unglück wahnsinnig und am nächsten Tag versank die Burg mit ihm in den Abgrund. Am Jahrestag des Unglücks sahen die Bewohner von Tschöran, wo einst die Burg stand, den Grafen nach dem weißen Rehbock jagen.

In den Sagen haben die Bewohner der Gegend ihre Gefahren festgehalten. So lebten einst viele Schlangen in den Berghängen der hochaufragenden Gerlitzen. Die Bewohner litten unter dieser Plage. Ein alter weiser Mann wurde befragt, wie sich die Bewohner ihrer erwehren könnten. Er fragte sie, ob auch eine weiße Schlange darunter sei. Niemand sah sie. Der alte Mann ließ einen Holzstoß auf der Gerlitzen anzünden und begann auf seiner Zauberflöte zu pfeifen. Daraufhin liefen die Schlangen ins Feuer. Dann pfiff er ein zweites Mal. Doch keine Schlange kam mehr. Beim dritten Pfiff stürzte sich die weiße Schlange in das Feuer, schlug mit dem Schwanz um sich und riss den alten Mann mit ins Feuer, in dem dieser mit den Schlangen verbrannte. Seitdem gibt es kaum noch Schlangen in den zerklüfteten bewaldeten Berghängen der Gerlitzen.

Neben den Geschichten aus der Vergangenheit gibt es auch Modernes, das sich in der Architektur zeigt. In Steinsdorf am Ossiacher See ist das inzwischen bekannte »Steinhaus« von dem einheimischen, international bekannten Architekten Günther Domenig zu besichtigen. Er ist ein über siebzigjähriger, knorriger, selbstbewusster Mann. Er erzählt an Besichtigungsabenden von seinem Traum aus dem Jahr 1958. Nach seiner langen Bautätigkeit und Architektenarbeit wollte er seine Idee von einem Haus im Einklang mit der Landschaft in dem sumpfigen Gelände auf dem von seiner Großmutter geschenkten Grundstück verwirklichen. Vieles an ihm erinnert an den katalanischen Baumeister Antoni Gaudi und seinen Kirchenbau »Familia Sagrada« in Barcelona, der seinen religiösen Traum in Stein umsetzte. Er begann zu bauen und als er kein Geld hatte, stellte er das Bauen ein und setzte es wieder fort als er wieder Geld hatte. Deshalb ist sein Bauwerk bis heute unvollendet geblieben. Gaudis religiöser Motivation steht bei Domenig die der Naturverbundenheit gegenüber. Er möchte im Bauwerk seine Erlebnisse, seine Lebensgewohnheiten und seine Landschaft, sowie seine persönliche Existenz, seine Erinnerungen und deren subjektiven Ausdruck zeigen. In Worten fasst er es so: »Der Ort als dunkle Erinnerung, der Ort als gelebte Erinnerung, der Ort als angenommene Selbstdarstellung«. Als Architekt möchte er das Wechselspiel von Landschaft und Architektur zeigen, wie er in einem Prospekt schreibt: »Die Landschaft: Aus dem Boden wachsen Hügel, aus denen die Felsen brechen. Sie sind durch die Schluchten getrennt. Die Felsen aus Metall und die Hügel aus Mauern sind durchdrungen von Räumen und Wegen, die unter das Wasser reichen. Die bestehende Architektur: Die typischen Elemente werden seziert, behalten, entwickelt, erneuert. Architektonische Brechungen.«

Wer vor dem Bauwerk aus Betonrechtecken, dem aus Stahl und Glas errichteten zweistöckigen Untergeschoss mit Erdgeschoss und zweistöckigen Obergeschoss steht und sich die umliegende Bergwelt anschaut, kann diese moderne Architektur im Einklang mit der Natur verstehen. Schade, dass sich das Gebäude dem Betrachter nicht selbst erklärt, sondern der Interpretation durch den Architekten bedarf. Wahrscheinlich ist dies heute wie zu allen Zeiten so gewesen. Auch die Bauten der Pyramiden und deren Funktionsweise mussten den damaligen Zeitgenossen verständlich gemacht werden, und dies geschah auch bei der gotischen und barocken Architektur.

Gewiss ist auch dieses Steinhaus zunächst ein Denkmal des Architekten, doch soll es auch nach seinem Plan eine Werkstätte für Architektur, ein Zentrum für Kunst und Kultur werden und sein. Hier sollen sich die Studenten in der Gestaltung von Architektur üben. Über 30 von ihnen können im Haus wohnen und arbeiten. Dies ist möglich, weil die Nutzfläche des Steinhauses ca. 850 Quadratmeter groß ist. Die Innenausstattung ist nur ansatzweise fertig. Sie lässt ihre technische und nützliche Funktionsweise erahnen. Das Land Kärnten hat das Steinhaus in sein Denkmalverzeichnis aufgenommen und unterstützt nun auch finanziell seine Fertigstellung. Von seiner Lage am Nordufer des Sees erscheint es als ein Pendant zur gotischen Stiftskirche am Südufer.

Die deutsche Besiedlungsgeschichte des Gebietes des heutigen Kärntens und Ossiachs begann durch die bayrischen Herzöge und mit der Missionierung durch das Erzbistum Bamberg. Die deutschen Siedler konnten sich in der Gegend, die spärlich von Slawen bewohnt war, niederlassen. In der k.u.k.-Monarchie war ein friedliches Zusammenleben der verschiedenen Volksgruppen gegeben. Erst mit dem Aufkommen der Nationalitätenfrage im 19. Jahrhundert begann das Ringen zwischen Deutschen und Slowenen um das Land und die Sprache. Der Wettstreit um das südliche Kärnten zwischen Österreich und Slowenien wurde erst durch die Volksbefragung von 1920 zu Gunsten des Deutschtums in Österreich entschieden. Am Kirchturm der

St.-Jakobs-Kirche in Villach ist auf einer Ehrentafel für Gefallene des I. Weltkrieges vermerkt: »Sie haben für die Freiheit des deutschen Volkstums ihr Leben geopfert.« Eigenartig, auch die über 800jährige Herrschaft der Habsburger über den Vielvölkerstaat der Donaumonarchie konnte kein friedliches Zusammenleben der Völker Südosteuropas schaffen. Seit dem Zusammenbruch der kommunistischen Ideologie 1990 und des Staatsgebildes Jugoslawiens gibt es wieder die vielen Nationalstaaten auf dem Balkan. Trotzdem herrscht eine gute wirtschaftliche Zusammenarbeit in der ehemaligen Donaumonarchie. Wahrscheinlich verbinden der Handel und die Wirtschaft die Nationen besser als übergeordnete Regierungsformen und bürokratische Einrichtungen.

Die Gegend um den Ossiacher See und Villach war auch ein geistiges Zentrum. Der berühmte Arzt Theophrast Bombast von Hohenheim, genannt Paracelsus (1493–1541) wirkte in Villach und Kärnten. Die Inschrift auf seiner Grabplatte in Salzburg lautet: »Hier liegt begraben Philippus Theophratus, der berühmte Doktor der Medizin, der jene argen Wunden, Aussatz, Podagra, Wassersucht und andere unheilbare Krankheiten des Körpers mit wunderbarer Kunst heilte und der all sein Gut unter die Armen verteilte. Im Jahr 1541, am 24. September, hat er das Leben mit dem Tod vertauscht. Frieden den Lebenden, den Begrabenen ewige Ruhe.« Villach gedenkt seiner durch die Verleihung eines Ehrenringes an berühmte Wissenschaftler.

Ebenso interessant erscheint das Leben der Anna Neumann (1535–1623), deren Vater ein bedeutender Bergbauunternehmer und Handelsherr seiner Zeit war. Sie hatte in ihrem Leben sechs Ehen geschlossen und ihr Vermögen vermehrt, das zur Grundlage der Adelsfamilie von und zu Schwarzenberg wurde.

Viele Häuser in Villach und viele Burgen in Österreich erinnern an das Geschlecht der Khevenhüller, das sich der Reforma-

tion anschloss. Bereits 1526 wurde in der Villacher Stadtpfarr-
kirche St. Jakob evangelisch gepredigt. Von Regensburg und der
bayerischen Grafschaft Ortenburg wurden die Evangelischen
in Kärnten mit Bibeln, Katechismen und Predigern unterstützt.
Doch um 1600 wurde Kärnten durch die Habsburger wieder katholisch gemacht. Die Evangelischen hielten ihren Gottesdienst
im Geheimen ab. Sie mussten nach außen ein Doppelleben führen, um sich vor Glaubensverfolgungen zu schützen. Sie hatten
stets einen Rosenkranz und Heiligenbilder bei sich. Beides zeigten sie auf Verlangen den katholischen Wandermönchen vor
und blieben deswegen wegen ihres evangelischen Glaubens un-
behelligt. Erst durch das Toleranzpatent Kaiser Josephs II. 1781
konnten sie sich öffentlich zu ihrem verborgenen evangelischen
Glauben bekennen. Sie wurden registriert und konnten von nun
als freie Bürger leben. Bereits vor der Französischen Revolution
wurden die Ideen der Religionsfreiheit, der Rechtsgleichheit
und der bürgerlichen Freiheit in die Tat umgesetzt. Der Staat
als Monarchie hatte somit einen demokratischen Konsens unter seinen Bürgern hergestellt. Dies belebte die Eigeninitiative
des Bürgertums und schuf Industrie und Handel. 1803 wurde
am Berghang in Bodensdorf der Grundstein zur klassizistisch
erbauten Tschöraner evangelischen Kirche gelegt. Doch erst
1906 konnte der Glockenturm gebaut werden. Der Innenraum
ist mit einer Empore und einer Orgel versehen. Über den Altar
erhebt sich der Kanzelaltar im Sinne des evangelischen Gottes-
dienstverständnisses nach Augsburgischem Bekenntnis Artikel
5: Wort und Sakrament. Der Gottesdienstbesuch ist gut und die
Konfirmandenzahl groß. Neben der evangelischen Kirche von
Tschöran sind die beiden katholischen Josephs-Kirchen von
Bodensdorf und Steinsdorf zu sehen. Seit dem II. Vatikanum
herrscht ein gutes Einverständnis zwischen den Religionsgemeinschaften. Ein ökumenisches Erntedankfest wird jährlich

gefeiert. Doch bei einer konfessionsverschiedenen Trauung wird kein ökumenischer Gottesdienst abgehalten, sondern die Eheschließung wird je nach Kirche mit evangelischer oder katholischer Beteiligung ausgerichtet. Auch eine ökumenische Taufe erscheint aufgrund des verschiedenen Amtsverständnisses unmöglich. Trotzdem dürfen die Evangelischen während der Urlauberzeit in der barocken katholischen Stiftskirche ihre gut besuchten Sonntagsgottesdienste mit Orgelbegleitung abhalten. Es ist gut, dass Religionsfriede im Lande herrscht und somit auch den gesellschaftlichen und sozialen Frieden ermöglicht.

Es lohnt sich in der schönen und kulturgeschichtlichen Gegend Urlaub zu machen.

Bad Aussee

Wo liegt der geographische Mittelpunkt Österreichs? Auf den
ersten Augenblick ist es eine schwer zu beantwortende Frage.
Doch dann fällt einem ein, die Landkarte Österreichs auszu-
schneiden und auf einer Stecknadel auszubalancieren. Somit ist
der Schwerpunkt der Landkarte und damit auch der geographische Mittelpunkt Österreichs gefunden. Auf diese Weise wurde
es gemacht und der Ort Bad Aussee war es. Auf einen radial-
ästhetisch untersuchten Platz wurde in Bad Aussee der Mittel-
punktstein gesetzt. In seiner Nähe fließen die Grundlseer- und
Althausser-Traun zusammen. Der Stein ist ein zwei Tonnen
schwerer Marmorfindling, in der Gestalt eines Menhirs, der von
dem steirischen Bildhauer Erich Laufer bearbeitet wurde. In der
Mitte des Steines brachte der Künstler eine bronzene Scheibe
an, die den Mittelpunkt Österreichs versinnbildlicht. Gerade

Wünschelrutengänger lieben diesen Ort mit seiner schönen Parkanlage, weil sie festgestellt haben, dass eine geomantische Linie, ausgehend von der Heilig-Geist-Kirche des Ortes, eine andere, von der Einmündung der beiden Flüsse kommend, kreuzt. Die Erforschung der erdmagnetischen Strahlen ist eine Wissenschaft für sich und ganz besonders die Wirkung ihrer bioenergetischen Strahlung. Wer dies intensiv erleben möchte und darüber mehr wissen will, möge zum Frauenberg, einem keltisch-römischen Heiligtum, in der Nähe von Seckau fahren. Nur wenige eingeweihte Esoteriker wissen von diesen Kraftlinien.

Die Menschen suchen Bad Aussee wegen seines Heilklimas und Solebades als Kurort auf. Eigentlich würde jeder, der durch das Salzkammergut über den Pötschenpass mit seinen fast 1 000 Meter fährt, an Bad Aussee vorbeifahren, das in einem tiefen Talkessel liegt. Die Bergwelt längs der Autostraße, links das Tote Gebirge und rechts das Dachsteinmassiv, nimmt einen durch ihre harmonische Formation und durch die Waldhänge gefangen, so dass die Autofahrer auf den Parkplätzen staunend vor der Bergkulisse verharren und den Anblick verinnerlichen. Die Berge zu beiden Seiten in ihren ausschwingenden Wellenformationen bedrücken den Betrachter nicht, sondern erscheinen angenehm einladend. Auf der Straßenhöhe weitet sich der Blick zu den Bergen und in die Ferne, aber nicht ins Tal, in dem Bad Aussee liegt.

Der Schriftsteller Alfred Komarek, der in Bad Aussee geboren ist, schreibt über sein Heimatland: »Wissen'S, das Salzkammergut ist halt schön. Bilderbuchschön, und das wird einem jungen Menschen irgendwann über. Also ab nach Wien, dem Hort aller Verheißungen.« Gewiss, Verheißungen halten nicht ein Leben lang, wissen die eingesessenen Bad Ausseer und warten schon die Zeit ab, wenn die erwachsene Jugend eines Tages

wieder zurückkehrt und den Hof der Eltern übernimmt. »Es ist
die Landschaft und auch die Dorfgemeinschaft, die Menschen
wieder zurück zu den familiären Wurzeln rufen«, sagen die alten
Ausseer.

Wer die Abzweigung nach Bad Aussee von der Straßenhöhe
nimmt, fährt zunächst einen steilen kurzen Hohlweg von acht
Prozent Gefälle hinab und sieht vor sich den Ort mit seinen zwei
spitzen Kirchtürmen, umgeben von Bergen, liegen. Er erscheint
nicht so winkelig und eng, wie einer auf den ersten Blick anneh-
men möchte. Der Parkplatz vor dem Stadteingang ist groß. Der
Marktplatz ist breit und langgezogen und auch die Kirchplätze
sind geräumig. Bad Aussee erscheint mit seinen großen Hotels,
Banken, Gasthäusern und der Kurhalle als eine offene moderne
Stadt. Erst beim Rundgang durch die Stadt werden die alten
mittelalterlichen Bauten, wie der Kammerhof, ein altes Salinen-
Amtsgebäude aus dem 14. Jahrhundert – heute ein gutbestück-
tes sehenswertes Heimatmuseum – erkennbar. Bereits Kaiser
Maximilian I. (gestorben 1519) residierte über zwei Jahre in
diesem wohlproportionierten Renaissancegebäude. Bad Aussee
und sein Umland erschienen ihm wichtig, denn seine Familie,
die Habsburger, hatten in dieser Gegend das Recht auf Salz-
abbau, der unerschöpflich zu sein scheint und ihren Reichtum
und Macht begründete und auch noch heute getätigt wird. In
seiner Substanz gut erhalten ist im Kammerhof das freskenge-
schmückte Kaiserzimmer, in dem Kaiser Friedrich III., auf der
Krönungsfahrt nach Aachen im Jahre 1442 übernachtete. Die
Kaisertradition wird im Salzkammergut groß geschrieben. Bad
Ischl, mit Kaiserin Sissi und Kaiser Franz I., sind nicht weit und
feiern alljährlich zur Freude der Sommergäste mit Umzug und
Musik die alte k.u.k. Tradition. In Hallstatt am Hallstätter See
erhebt sich der mächtige Rudolfsturm auf dem Berg über der
Stadt, der an den ersten Kaiser aus dem Habsburgergeschlecht,

Rudolf, erinnert. Kaiserin Sissi war eine begeisterte Bergsteigerin und hat fast alle Berge des Ausseerlandes bestiegen.

Auch der Meranerhof, ein hellgrünes klassizistisches großes Gebäude in Bad Aussee erinnert an die Habsburger und liegt der Heilig-Geist-Kirche gegenüber. Er erzählt von der Liebesheirat des Erbherzogs Johann mit der Postmeisterin Annerl Pocherl, deren Nachkommen den Titel Grafen von Meran tragen. Wer am Grundelsee entlang zum Toplitzsee wandert, kommt an dem Gedenkstein vorbei, der den Ort bezeichnet, an dem sich der Erbherzog und die schöne Postmeisterin ihre Liebe gestanden haben. Es dauerte lange, bis der Kaiserhof zu Wien seine Einwilligung zu ihrer Hochzeit gab. Bekannterweise waren die Habsburger immer gegen eine nicht standesgemäße Hochzeit, so auch beim unglücklichen Kronprinzen Rudolf mit der tschechischen Grafentochter kurz vor 1900. Verständlich, dass der Erbherzog Johann zur Taufe seines Kindes keinen aus der Habsburger Familie zum Taufpaten bestellte. Erbherzog Johann ahnte bereits, dass es mit dem exklusiven weltabgeschiedenen Hofzeremoniell in Wien zu Ende gehen würde, denn mit dem aufstrebenden Bürgertum, der fortschreitenden Industrialisierung und dem Fortschrittsgedanken brach eine neue Zeit an und forderte auch einen neuen Menschen mit einer neuen Lebenskultur. Erbherzog Johann hielt es mit der bürgerlichen Welt und versuchte so, das Kaisertum in die neue Zeit überzuführen. Doch der Wiener Hof widersetzte sich dem. Ein Nachkomme des Erbherzogs wurde Ende des 19. Jahrhunderts Volkspriester und weigerte sich, jede geistliche Beförderung anzunehmen. Er wollte nur Seelsorger für das Volk sein, denn er erahnte, dass die prunkvoll zur Schau gestellte Machtfülle der römisch-katholischen Kirche sich dem Ende neigte. Er verstand Kirche als Kirche für die Menschen und hatte mit seinen Ansichten Recht. Er ist in der Erinnerung des Volkes wach geblieben.

Interessant ist vor allem der Bau der Spitalkirche zum Heiligen Geist in Bad Aussee. Sie hatte einst die Aufgabe, sich im Geiste Jesus um die Armen und Kranken zu kümmern. Es bedurfte dieses Geistes für die Armen und Kranken in der geschäftigen Welt. In dem einschiffigen, gotischen Kirchengebäude war das ehemalige Salinenspital untergebracht. Die um 1395 erbaute Kirche hat sich ihre Stilreinheit außen und innen bewahrt. Der gotische Flügelaltar, Gnadenstuhlaltar, von 1449 ist das Glanzstück der Kirche. Er wurde von Kaiser Friedrich III. gestiftet. Die Buchstaben »A.E.I.O.U.« symbolisieren die Macht des habsburgischen Kaiserhauses. Es war auch gleichzeitig zukunftsweisendes politisches Programm der Habsburger. »A.E.I.O.U.« heißt ausgeschrieben: »Austria Erit In Orbe Ultima«, auf Deutsch: »Österreich wird auf dem Erdkreis ewig sein«, besser bekannt unter »Alles Erdreich ist Österreich Untertan«. Diese Programmvision erfüllte sich für eine kurze Zeit unter der Herrschaft Kaiser Karl V. (1519–1558), in dessen Reich die Sonne nicht unterging. Kaiser Karl V. hatte neben Ländereien in Europa auch welche auf dem amerikanischen, afrikanischen und asiatischen Kontinent. Mit dem Ende des I. Weltkrieges mussten die Habsburger ihre Kaiserkrone ablegen und das Land verlassen. Erst nach dem II. Weltkrieg durften die Habsburger wieder Österreich betreten und schlicht mit dem Namen Habsburger österreichische Staatsbürger sein. Die geschichtliche Erinnerung ist geblieben und damit erfüllt sich auch die heutzutage freie Übersetzung von A.E.I.O.U.: »Österreich wird es immer geben«. Das Volk ist es, das alle Herrscher, alle Kriege und alles Elend überlebt und bleiben wird. Gewiss haben die Habsburger ihr Reich weniger durch Kriege, als vielmehr durch Heirat vermehrt. Verständlich deshalb auch die Aussage über die Habsburger und ihr Österreich: »Du glückliches Österreich, lass andere Krieg führen, du aber heirate.«

Heute in der Europäischen Union spielt Österreich wieder eine wirtschaftliche, kulturelle und politische Rolle bei den EU-Beitrittskandidaten aus Ost- und Südosteuropa.

Im Kapellenraum der Heilig-Geist-Kirche befindet sich ein weiterer Flügelaltar, der Vierzehn Nothelfer, aus der Zeit um 1480. Bei der Kirchenrenovierung 1959 sind alte Fresken zu Tage gekommen. Sie erinnern an die außergewöhnlichen und weithin berühmten Fresken der Johanneskapelle und der Sankt-Georgs-Kirche in der nicht weit entfernten kleinen Ortschaft Pürgg am Fuße des mächtigen Grimmings, der den Alten heilig war und noch heute der »Kailash von Österreich« genannt wird. Überhaupt überraschen immer wieder die Fresken aus der gotischen Zeit in den alten Stadt- und Dorfkirchen der Umgebung. Die Leute damals wollten ein schönes Gotteshaus haben. Leider sind die Namen der Maler aus der damaligen Zeit unbekannt geblieben oder vergessen worden.

In den tiefen Tälern der Berge des Salzkammerguts, so auch im Ausseerland, haben sich alte magische Bräuche aus grauer Vorzeit erhalten. So wurden früher Babys nach der Geburt mit der Hasel- oder Weidenrute »abgekehrt«, um sie energetisch zu reinigen, als auch vor bösen Wünschen zu schützen. Diese Bräuche als Kampf gegen das Bedrohliche und Böse finden sich überall auf der Welt. Noch heute erinnert daran ein Brauch in Bad Aussee am Tag der »Unschuldigen Kinder«. Diesmal »schlagen« nur die Kinder im Scherz Erwachsene mit Weiden- oder Birkenruten. Der Brauch hat sich heute umgekehrt. In den alten Bräuchen verlebendigen sich die alten religiösen Gedanken der Menschen aus der Vergangenheit, in denen sie ihre Lebensangst vor dem Bösen, den dämonischen Mächten und ihre Unsicherheit über den Lebenslauf ausdrückten.

Gerade die Winterzeit und die Zeit der Jahreswende waren und sind solche heiligen Zeiten. Die Feuerwerke, um böse

Geister zu vertreiben und das Bleigießen, um in die Zukunft zu schauen, praktiziert an Silvester auch heute der rationale Mensch.

Volkskundler entdeckten in Bad Aussee und anderen Orten des Salzkammerguts den Glöcklerlauf mit seinen phantastischen Lichtergestalten. Die weißgekleideten Glöckler tragen an ihren Gürteln Glocken und Schellen und auf ihren Köpfen kunstvolle riesige, mit Kerzen beleuchtete Kappen, die stern-, pyramiden-, kreis- oder hausförmig sein können. Beim Lauf bilden die Glöckler Kreise oder Achten, die in der Magie eine Rolle spielen. Der Zauberkreis bindet die Schüler an den Zauberer, während die Acht ein Loslassen der Schüler bedeutet.

Bekannt ist Bad Aussee wegen seines Faschingstreibens, das viele Interessierte anlockt. Der Brauch wird heute in seiner ursprünglichen Bedeutung kaum mehr verstanden. Doch er symbolisiert den Kampf des Lichtes gegen die Finsternis angesichts der länger werdenden Tage am Ende der Winterzeit und der beginnenden Vegetation. Beim Ausseer Faschingstreiben beeindrucken die »Flinserln« mit ihren bunten Figuren, die ein goldbesticktes Gewand, eine Gesichtsmaske mit weißen Rüschen und einen Hut mit Krempe in Form einer Tiara tragen. Die kultische Bedeutung der Masken ist verloren gegangen. Früher waren die Vorfahren überzeugt, dass die Kräfte und die Eigenschaften, die eine Maske verkörperte, auf die Maskierten übergingen. Solange also eine Person eine Maske trug, legte sie die eigene Identität ab, schlüpfte in die Wesenheit der Vegetationsgeister und übernahm deren Eigenschaften. Die Tänze und Sprünge, die vollzogen werden, verdeutlichen magische Rituale und Kulthandlungen, die heute nicht mehr begriffen werden.

Unsere Gastwirtsleute zeigten uns Bilder und erzählten begeistert, was sich beim Faschingstreiben auf den Ausseer Straßen ereignet. Etwas ganz Besonderes ist die Aufnahme von

Männern in die Faschingsgesellschaft. Ganze Familienverbände sind engagiert bei diesem Aufnahmeritual. Die Bewerber sind mit weißen Hemden gekleidet und mit Hut. Eine Musikkapelle zieht voran, dann folgt der Fahnenträger und die maskierten Männer der Faschingsgesellschaft und in deren Mitte die weiß-gekleideten Aufzunehmenden. Sie haben beim Vorbeizug an den Gasthäusern Bad Aussees eine Probe ihrer Trinkfestigkeit abzulegen. Sie müssen jedes Mal einen Zehntelliter Schnaps auf Ex trinken. Nach dem dritten Gasthaus von zehn übergeben sich bereits einige der Männer. Ihre Frauen eilen mit weißen Hemden zum Wechseln herbei. Natürlich johlt und kreischt die Menge. Die Faschingsgesellschaft und die Aufzunehmen-den tanzen zur Musik. So geht es bis zum zehnten Gasthaus. »Am Ende des Rituals werden vier der Trinkfesten neu in die Faschingsgesellschaft aufgenommen. Die Frauen haben die meiste Arbeit dabei, um ihre Ehemänner vom Erbrochenen ab-zuputzen und ihnen neue weiße Hemden anzuziehen«, sagte die Hauswirtin. Der Hauswirt stellte kaufmännisch fest: »Es heißt, die Aufgenommenen haben wirtschaftliche und gesellschaftli-che Vorteile.« Volkskundler haben herausgefunden, dass dieser Brauch auf die Kelten zurückgeht.

An manchen Abenden berichtete die Wirtsfrau über ei-nen weiteren Brauch und legte ihr Fotoalbum vor: »In man-chen Bräuchen der hiesigen Gegend zeigt sich bereits die frühe Emanzipation der Frauen.« Es wird leider immer wieder ver-gessen, dass Frauen die Wirtschaft führen mussten, wenn ihre Männer im Krieg waren. Manche Betriebszweige, wie Backen, Bleichen, Bierbrauen und Textilverarbeitung, lagen mancher-orts ganz in der Hand der Frauen. Beim gemeinsamen Korn-schneiden, Kornmahlen, Flachsziehen, Spinnen und Weben entwickelten die Frauen ein starkes Zusammengehörigkeitsge-fühl und ein Bewusstsein der Stärke. Sie veranstalteten spezielle

Weibertage, von denen die Männer ausgeschlossen waren. Im Salzburgischen bildeten die Spinnstubenfrauen eine Organisation, die bei der Bevölkerung als dämonische Gruppe in Verruf geriet. Die Wirtsfrau ließ uns ihre Fotos von den Trommelweibern von Bad Aussee sehen, die vermutlich auf mittelalterliche Frauenverbände zurückgehen. Sie sind weiß gekleidet mit einer weißen Haube und spielen beim Umzug Blasmusikinstrumente und schlagen die Trommel. Es geht gesittet zu. »Früher sollen sie in der Öffentlichkeit halbnackt mit offenen Haaren bis zur Ekstase getanzt haben. Begegneten sie Frauen mit der Haube auf dem Kopf, dem Zeichen der Unterwerfung unter den Mann, schlugen sie ihnen diese herunter. Jede Art von Abhängigkeit wurde von ihnen abgelehnt. Heute geschieht so etwas nicht mehr.« meinte die Hauswirtin.

Bad Aussee gehört zu den Orten, die in grauer Vorzeit besiedelt wurden. Eigenartig, die Alpen und die Meeresküsten sind die ersten Siedlungsgebiete der frühen Menschen gewesen. Die Mittelgebirge und das Landesinnere wurden erst später, wahrscheinlich als die Menschen sesshaft wurden und Ackerbau und Viehzucht betrieben, als bewohnbar angesehen. Am Meer und in den Alpen saßen die Händler und Eroberer. In den Gebirgen suchten die frühen Menschen Schutz und nach Bodenschätzen. Bekannt sind die vielen Orte im Salzkammergut, die den Namen, Hall, Hallein, Hallstatt tragen. Hall bedeutete im keltischen Salz. Das Volk der Kelten hat hier Salz abgebaut und mit ihm Handel getrieben. Die großen Handelstraßen wurden später zu Wanderwegen der Völker während der Völkerwanderung. Als die Römer ihr Weltreich aufbauten, wurde wegen des Salzes das Salzkammergut ihrem Reich eingegliedert. Sie brachten die Verwaltung und die Kultur ins Land. Römische Wegsteine sind heute noch zu sehen. In manchem alten Haus von Bad Aussee kann man heute noch einen römischen Gedenkstein und einen römischen Sarkophag betrachten. Mancher Sarkophag dient heute dem Ziehbrunnen im Garten als Wasserbehälter. Die Ausseer gehen mit dem antiken Erbe praktisch und nützlich um.

Wegen seines milden Klimas und seiner reizvollen Umgebung wurde früher, und wird heute, das Ausseerland während des ganzen Jahres über gerne aufgesucht. Dem Dichter Hugo von Hofmannsthal wurde es zur zweiten Heimat. Hierher kehrte er gerne zur Erholung ein. Er mochte die Landschaft, weil von ihr eine magische wohltuende Kraft ausging, die ihn zeitlebens beschäftigte und die ihn anregte über das wahre Leben nachzudenken. So konnte er angesichts der herrlichen Natur seinen Wunsch formulieren: »Es herrscht eine allgemeine Not, der man das im Gemüt gereinigte Wirkliche entgegenstellen möchte.« In seinen Reflexion über Deutschland, Österreich und Europa mahnte er die Deutschen, sich als Nation wie jede andere zu wissen und nicht als »das Menschliche kat' exochene« (= das Menschliche schlechthin) anzusehen. Er bedauerte den sozialen, wie auch den geistigen Gegensatz in Deutschland, der nirgendwo sonst ihm so ausgeprägt erschien. Intensiv dachte er über die seelische Eigenart jedes europäischen Volkes nach, um einen Weg für Europas Zukunft zu finden.

Aufgrund seiner gepflegten Wanderwege um die Seen und zu den Seen zeichnet sich das Ausseerland besonders als Wanderland aus. Ein Spaziergang am Grundelsee, zum Toplizsee und Kammersee lohnt sich. Die drei Seen sind von Zweitausender-Bergen, die unter vielen Schwierigkeiten zu begehen sind, umgeben. Ihre Wasserqualität entspricht guter Trinkwasserqualität. Geheimnisvoll ist der Toplitzersee, in dem während des Kriegsendes Gold und ausländische Währungen versenkt wurden. Mit gefälschter Währung haben die Machthaber des Dritten Reiches auch Krieg geführt. Die Bank von England sollte durch Falschgeld ruiniert werden. Sie musste bereits gegen Ende des Krieges ihre alte Währung einziehen und neue Pfundnoten ausgegeben lassen. Am Toplitzersee wurden sogar während des Krieges kriegstechnische Experimente gegen U-Bootkämpfe in den norwegischen Fjorden ausprobiert, weil der Toplitzersee mit seinen steil abfallenden Bergwänden in seiner Anlage einem Fjord ähnelt. Unsere Apartmentswirtin erzählte uns von den Ereignissen um den Toplitzersee: »Die Schuljungen aus dem Ausseerland haben sich in den tiefverschneiten Bergwäldern am Toplitzersee versteckt und den deutschen Soldaten bei ihren kriegstechnischen Experimenten zugesehen. Das war eine gefährliche Angelegenheit, denn wenn sie erwischt worden wären, wären sie in ein KZ eingewiesen worden. Väter und Mütter haben immer wieder um ihre Kinder gebangt. Gott sei Dank ist nichts passiert.« Nach dem Krieg wurde nach dem versenkten Schatz getaucht. Es wurden Teile von ihm geborgen, doch nicht alle, weil der Toplitzersee über hundert Meter tief ist und den Tauchern auch wegen der untergegangenen Baumstämme sehr gefährlich werden kann, die einen Boden in der Tiefe des Toplitzersees gebildet haben, der schwer zu durchdringen ist. Am Kiosk mit Café sind Bücher über den Schatz des Toplitzersees zu kaufen, wie auch Postkarten von gefundenen englischen Pfundnoten. Es lohnt sich, sich mit dem Kahn über den See rudern zu lassen und die Naturwunder des Wasserfalls zu sehen. Am nördlichen Ende liegt durch eine Landzunge getrennt der Kammersee, der nicht groß ist, aber wichtig für das Flözen der in den Berghängen abgehauenen Baustämme. Interessant ist, dass die Holzfäller bereits 1586 einen Kanal von hundert Metern mit Holzschleusen durch den Stein der Landzunge getrieben haben, um die Baumstämme von dem Kammersee in den Toplitzersee zu schleusen und dann in den Grundelsee zu schaffen, an dessen Ufer noch heute Sägewerke von einst stehen.

Die Bergwelt des Ausseerlandes erscheint menschenfreundlich und lädt zum Wandern ein. Lohnenswert ist der Fußweg zum Gipfelkreuz der Trisselwand zu gehen, von dem sich bei schönem Wetter ein herrlicher Blick auf den Dachsteingletscher anbietet. Es ist der letzte Gletscher der Ostalpen. Ihr gegenüber steht der Loser, der diesen Namen daher hat, weil er die Trisselwand aufgefordert habe: »Komm auf meine Berghütte.« Sie antwortete ihm: »Du Loser«. Doch das Wort »Loser« ist im Österreichischen das Dialektwort für »hören«. Im Bayerischen nämlich gibt es das Dialektwort »luchern« und im Schwäbischen »losen« und meint »Schauen«. Es bezeichnet das heimliche Hören und Schauen. Vom Loser aus blickt der Bergsteiger bei schönem Wetter auf das »Tote Gebirge«, das eigentlich ein erdgeschichtliches Korallenriff des einstigen sich hier befindlichen Urmeeres ist. Es erscheint als ein unwirtliches Gebirge mit etwas Gebüsch und ansonsten viel Stein. Vom eigenwilligen Wandern im »Toten Gebirge« wird abgeraten, weil schon viele Bergsteiger, die den Wanderweg verlassen haben, in einen Dolinenkrater gefallen sind und in dessen Tiefe elend umgekommen sind. Erst nach Jahren haben Bergwanderer ihr Skelett gefunden.

Außerhalb von Bad Aussee befindet sich das Salzbergwerkmuseum. Es lohnt sich wegen seiner Geschichte zu besichtigen. Ehemalige Bergwerksknappen haben aus dem Salzgestein eine geheimnisvolle Marienkapelle errichtet und dort vor Bewahrung durch Steinschlag gebetet. Der Weg vom Museum führt an der Ruine Pfindsberg vorbei zum Sandling, einem salzhaltigen Bergstock von 1 750 Metern, von seinem Gipfel ist ein schöner Blick auf den gegenüberliegenden Sarstein und bis nach Hallstatt am Hallstättersee und Bad Ischl möglich. Früher wurde im Bergbau aus seinem Inneren Salz gebrochen. Diese Methode ist in den siebziger Jahren des 20. Jahrhunderts aufgegeben worden, weil das Gestein zu brüchig war, und weil es in den 20er Jahren des 20. Jahrhunderts einen großen Bergsturz gab. Jetzt wird Wasser in den Salzstock gepumpt und die entstehende Sole aus dem Berg abgezogen. Durch diese moderne Methode der Salzgewinnung haben viele Ausseer ihren Arbeitsplatz verloren. Sie versuchen sich jetzt durch Fremdenverkehrsangebote ihren Lebensunterhalt zu verdienen. Die Gaststätten im Ausseerland sind wegen ihrer Fischgerichte und wegen des bekömmlichen österreichischen Weins zu empfehlen.

Das Salzkammergut, wie auch die Steiermark und Kärnten, waren während der Reformationszeit evangelisch gewesen. Die Bergknappen waren freie und gebildete Leute, die selbst die Bibel lesen wollten. Dr. Martin Luthers Bibelübersetzung ist, durch Gutenbergs Drucktechnik verbilligt, durch Wanderprediger unter das Volk gekommen. Es gab bald eigenständige evangelische Gemeinschaften, die vom Deutschen Reich, vor allem von den freien Reichsstädten Augsburg und Regensburg und der evangelischen Grafschaft Ortenburg mit Predigern versorgt wurden. Während der Reformationszeit waren in Bad Aussee nur noch drei katholische Familien, die anderen waren evangelisch. Doch durch die Gegenreformation der Habsburger, die Jesuiten und Kapuziner zur Mission ins Land holten, wurden die Evangelischen unterdrückt und katholisch gemacht. Viele sind in die Bergtäler um das Dachsteinmassiv abgewandert und haben sich dort gehalten. Mit dem Toleranzpatent des Kaisers Joseph II. (1781) erhielten die in der Verborgenheit lebenden Protestanten freie Religionsausübung und durften sich ihre Kirchen bauen. Wer nach Goissern am Fuß des Pötschenpasses fährt, sieht dort die mächtige evangelische Kirche mit ihren Tausend Sitzplätzen und, was typisch für die Evangelischen ist, das Schulhaus und die Diakonieanstalt um die Kirche gebaut. Das Wort Gottes wird in die Tat umgesetzt. Wegen der Religionszugehörigkeit gab es eigentlich keinen Streit, sondern eher einen gemeinsamen Wettstreit um ein gutes Leben aus der Glaubenslehre. In Notzeiten halfen sich die evangelischen und katholischen Bürgersleute gegenseitig. Auch die konfessionsübergreifenden Ehen wurden in gutem Einvernehmen geführt. Den Erntedankgottesdienst feiern jährlich evangelische und katholische Christen gemeinsam.

Ein Aufenthalt zu jeder Jahreszeit lohnt sich in Bad Aussee und im Ausseerland wegen des gesundheitsfördernden Reizklimas und der Solebäder, wegen der Schönheit des Landes und seines Brauchtums und vor allem wegen der Gastfreundlichkeit seiner Bewohner.

Jeruzalem in Slowenien

Manche Städtenamen verweisen auf eine interessante Geschichte, wecken immer wieder Assoziationen und regen die Phantasie an. Einige Städte werden auf Grund ihrer Geschichte mit Adjektiven ausgezeichnet. So heißt Rom die ewige Stadt, Jerusalem die heilige, Prag die goldene, Paris die der Liebe. Die Reihe ließe sich fortsetzen. Wer diese Städte besucht, findet auch das Gegenteil in ihnen. Prag ist nicht golden, sondern auch schmutzig, weil der Wind den Staub von den Hügeln in den Talkessel der Moldau treibt, in dem die Stadt liegt. Rom ist keine ewige Stadt, sondern sie wurde 773 v.Chr. erbaut und zeugt mit vielen Ruinen von einer wechselvollen Geschichte. Das Forum Romanum ist ein Steinhaufen und die Bewohner Roms haben bereits nach der Völkerwanderung aus diesem ihre Häuser erbaut. Es ist wenig von dem antiken Rom übriggeblieben. Paris ist nicht nur die Stadt der Liebe, sondern auch die der traurigen Frauen und melancholischen Männern. Jerusalem ist keineswegs eine heilige Stadt, denn in ihr gibt es auch Mord, Totschlag, Ehebruch und Diebstahl. Zwar heißt der Name Jerusalem auf Deutsch: Stadt des Friedens. Doch ihre Geschichte verweist auf viele Kriege, die wegen dieser Stadt geführt wurden. Heute ist sie eigentlich eine ganz gewöhnliche Stadt, mit all den alltäglichen Problemen einer Großstadt. Die Städte unterliegen wie alles auf Erden dem Rhythmus des »Stirb und Werde«. Trotzdem geht noch immer eine Faszination von den Städten aus und sie ziehen weiterhin magisch Menschen in ihren Bann. Es gilt, sich auf das Abenteuer des Besuchs einer Großstadt einzulassen, um ihren Glanz wie auch ihren Schein zu erschauen und um sich umso mehr von den Eindrücken und Erlebnissen überraschen zu lassen.

Ohne Neugierde und ohne Phantasie lässt sich schwer auf Reisen gehen. Sie geben den Antrieb, seinen Urlaub in der Ferne zu verbringen und sich mit der Geschichte, Kultur und dem Brauchtum des Neuen auseinanderzusetzen. Bei der Wahl, die Reise in eine unbekannte Stadt zu machen, kann ihr Beiname einen Anstoß geben. Denn ihr Adjektiv gibt einen Hinweis darauf, was in ihr zu sehen ist und was ihre Besonderheit ausmacht. Manche meinen, eine Stadt sei wie eine Frau, die einer zu erobern habe. Ohne Einsatz gibt es keinen Lohn.

Städte haben Weltgeschichte geschrieben und sie haben die Geschichte der Menschheit geprägt und verändert. Rom war die Stadt der Kaiser und Hauptstadt des römischen Weltreiches und ist heute die Hauptstadt Italiens und noch immer die Stadt der Päpste und Mittelpunkt der römisch-katholischen Weltkirche. Jerusalem ist die Stadt, die den drei monotheistischen Weltreligionen: Judentum, Christentum und Islam von Wichtigkeit ist. Ja, sie ist weiterhin noch immer Pilgerstätte der Gläubigen aus aller Welt. Prag ist immer eine Stadt der Revolutionen gewesen. Erinnert sei hier an die Hussitenkriege, an den Dreißigjährigen Krieg und in jüngerer Zeit an den Prager Frühling 1968, der zur Auflösung des kommunistischen Weltreiches beitrug. Paris scheint weiterhin tonangebend in Sachen der Frauenmode und des feinen Geschmacks zu sein. Städte sind nun einmal geistige Kulturzentren und Vorbilder, die das Leben zu gestalten helfen und in die Zukunft weisen.

Wer die Landkarten der Welt studiert, findet überall in Mitteleuropa Orte mit den Namen, Rom, Paris, Prag, Jerusalem und noch andere. Die Orte, die nun den Namen einer Großstadt tragen, sind meistens kleine Ortschaften auf dem Lande. Vielleicht haben ihre Bewohner aus geschichtlicher Kenntnis diese Namen gewählt, um wer zu sein und so ihr Selbstbewusstsein zu stärken. Wer will schon bedeutungslos sein?

Doch manchmal hat so ein kleiner Ort diesen Namen bewusst verliehen bekommen, weil sich sein Gründer und Namensgeber an jenem Ort wie in der von ihm geliebten Großstadt fühlte oder wähnte. Wahrscheinlich war es die Atmosphäre des Ortes, die geographische Gegebenheit, das Klima oder auch eine plötzliche Erleuchtung, die diesen Ort an den des großen Namensverwandten erinnerte. Die Motive für die Namensgebung lassen sich nur finden, wenn es Urkunden gibt, wenn Legenden oder Sagen von diesem Ort erzählt werden. Erst die geschichtliche Überlieferung erschließt das Geheimnis der Namensgebung.

Während eines schönen Sommeraufenthaltes im Gebiet des Murflusses in Slowenien, das je nachdem Premurje bzw. Promurje heißt, bin ich beim Studieren der Landkarte auf mehrere Ortschaften mit dem Namen Jerusalem, slowenische Schreibweise Jeruzalem, gestoßen, die sowohl auf der südlichen wie auch auf der nördlichen Seite des Murflusses liegen. Ich fragte meine Hauswirtin, was es mit der Namensgebung auf

78

sich habe. Sie gab an, es nicht zu wissen. Doch so viel meinte sie: »In einem Jerusalem, das auf der südöstlichen Seite der Mur in den Bergen zwischen Ljutomer und Ormoz liege, gibt es vorzüglichen Wein. Fahren Sie hin, dann werden Sie auch etwas über die Geschichte des Ortes erfahren.«

Zusammen mit meiner Frau entschloss ich mich, den geheimnisvoll klingenden Ort aufzusuchen. Frühmorgens fuhren wir mit dem Auto los, um vor Ort Land und Leute kennenzulernen. Der Weg führte zunächst durch die flache Landschaft des Murflusses, die von Mais-, Weizenfeldern und von saftigen Wiesen mit weidenden Kühen bestimmt war. Verständlich, dass die Urlauber hier viel mit dem Rad unterwegs sind. Die sanft abfallenden Berghänge zu beiden Seiten der Flussebene waren mit Laubwäldern bekleidet. Die Gegend erschien mir im Gegensatz zu anderen angenehm menschenfreundlich und einladend zu sein. Dies wird verursacht durch die Weite des Landes. Verständlich, dass seit Urzeiten Menschen hier in dem lieblich pastoralen Raum siedelten und im Laufe der Geschichte immer in diese Gegend wegen ihrer Fruchtbarkeit drängten.

Der Landkartenaufzeichnung nach führte der Weg langsam ansteigend durch die bewaldeten Berghänge des Slovenske Gorice mit einer Höhe zwischen 400 und 800 Metern. Die Straßenbeschilderung mit den Ortnamen war nicht ordentlich ausgezeichnet, so dass wir nach der Stadt Ljutomer einen vorbeifahrenden Autofahrer anhalten mussten, um den Weg nach Jeruzalem zu erfragen. Seine Antwort war: »Ich fahre voraus und Sie folgen mir.« Bald sahen wir den Wegweiser nach Jeruzalem. Der Weg schlängelte sich mit bis zu 15% Steigung durch die Anhöhe des Laubwaldes. Dann erblickten wir in einer Kurve ein freies Waldstück, das einen Blick auf die goldgelbe Kirche von Jeruzalem gewährte. Der Weg war an den Kreuzungen mit Gasthausschildern und Vinotheken-Hinweisen bestückt. Alles verwies auf das Weinland. Unterhalb der Kirche parkten wir und lasen die Kennzeichen der dort stehenden Autos aus Slowenien, Österreich, Deutschland, Kroatien und Ungarn, und sahen auch abgestellte Tourenräder. Die Länder der ehemaligen Donaumonarchie hatten sich hier versammelt.

Nun standen wir auf dem Kamm einer langgezogenen Hügelkette und hatten einen herrlichen Rundblick über die abfallenden Weinberghänge und auf die auf ihnen thronenden gelb getünchten Kirchen mit ihren roten Dächern und Zwiebeltürmen. Die Farbe gelb, eigentlich die Kaiserfarbe der ehemaligen Donaumonarchie, war nun die Farbe der Kirchen. Die Weinberghäuser waren weiß gekalkt, weshalb ihre roten Ziegeldächer besonders hervorstachen. Manche der Vinotheken schmiegten sich in die Berghänge unterhalb des Kammes.

Der weißbläuliche Himmel mit der intensiv strahlenden Sonne wölbte sich wie eine Glasglocke über die in endlosen Wellen der Hügelbuckel sich windenden, horizontal angelegten Weinbergterrassen. Wie schon so oft auf den Berggipfeln, so hatte ich auch hier auf dem höchsten Punkt des Bergkammes, als ich den Rundblick genoss, den Eindruck, dass die Erde eine Scheibe sei, über die sich der Himmel stülpe. Ich empfand mich auf der Bergeshöhe im Mittelpunkt einer vom Himmelsgewölbe umgrenzten, geschlossenen Landschaft.

Meine Frau staunte über die geschwungenen Berghänge, die sie in solcher Weise bisher noch nicht gesehen hatte. Auf ihnen standen, wie Soldaten in Reih und Glied, die Rebstöcke angeordnet, um voll und ganz die Sonnenstrahlen aufzusaugen. Wahrscheinlich, dachte ich mir, können nur hier der süße Traminer und die anderen mundigen Weißweine gedeihen. Für mich war es eine Landschaft, die zum Malen einlud. Ich hatte in der Woche zuvor an einem Malwettbewerb, den eine Sommerakademie zum Thema »Auenlandschaften des Murflusses«

ausgeschrieben hatte, teilgenommen. Intensiv nahm ich die stillen Weiher der Murauen mit ihren dunkelbraun-grünen Moorwasser und den schräg stehenden und schon zum Fallen neigenden Bäumen in mich auf und prägte mir so die Landschaft ein, um dann daheim das in meinem inneren Auge entstandene Bild auf die Leinwand zu werfen. Gewiss, ich hatte mir einige Skizzen in der Natur gemacht, um mich bei der Bildgestaltung an ihnen orientieren zu können, und um so die Stimmung der Landschaft aufgrund meiner inneren Verarbeitung besser wiederzugeben. Lange betrachtete ich die geschwungenen Berghänge mit ihren früchtetragenden Rebstöcken, um mir so dieses Bild einzuprägen. Dabei kamen mir die Worte meiner Mutter in Erinnerung, die mir immer wünschte, einmal an einer Weinlese teilzunehmen: »Es ist etwas Besonderes die Weinrebe vom Rebstock zu schneiden und sie dann in den Kufen zu legen. Wer abgeschnittene Weintrauben kostet, schmeckt die Sonnenkraft. Die fröhlich lachenden Menschen im Weinberg schaffen eine besondere Gemeinschaft, die sich beim gemeinsamen Abendessen im Weingut, bestehend aus gutem Bauernbrot und Wurst, mit Wein und Gesang fortsetzt und zu einem unvergesslichen Erlebnis wird.« Hier auf dem Bergkamm, mit dem Blick auf die Weinfelder, wurden mir die Worte meiner Mutter wieder lebendig. Schade, dass ich nicht im Oktober herkommen konnte, um für einige Tage an einer Weinlese teilzunehmen.

Das Zwölfuhrläuten tönte über die Täler. Wir sahen Weinbergbauern zu ihren Essenskörben gehen. Eine gute Brotzeit zwischendurch ist notwendig, denn die Arbeit im Weinberg ist hart und kostet Kraft und Ausdauer. Der Weintrinker in der Stadt erahnt wenig davon, wenn er nach vollendetem Tagwerk in froher Runde genüsslich den Wein schlürft.

Wir gingen zur Kirche, einer Marienkirche, die sich trotz der vielen Jahrhunderte in einem gut erhaltenen Zustand befand.

Erst standen hier einst, wie eine historische Kurzbeschreibung erinnerte, eine Holzkirche, dann eine romanische Kapelle und später wurde an ihrer Stelle im 14. Jahrhundert eine gotische Kirche errichtet. Als wir die Kirche betraten schlug uns wohltuend ihre innere Kühle entgegen. Das fast eineinhalb Meter dicke Mauerwerk hatte die Winterkälte noch in sich und nahm erst langsam die warmen Sonnenstrahlen auf. Im Winter werden die Mauern ihre gespeicherte Sommerwärme an die Kirchenbesucher abgeben. Der Kircheninnenraum war in Kreuzform ohne Langhaus gestaltet.

Die barocken Seitenaltäre störten nicht in dem hellen gotischen Kirchenraum, sondern kamen in ihrem Goldglanz zur Geltung. Die verschiedenen Kunstrichtungen der Kirche wirkten nicht widersprüchlich auf den Besucher. Vielleicht lag es daran, dass ich mich bereits aufgrund meiner vielen Kirchenbesichtigungen an die Vielfalt der Kunststile gewöhnt hatte. Auch die Geborgenheit gebende Atmosphäre des Kirchenraumes ermutigte meine Vorstellungswelt, das Erscheinungsbild der Kunstrichtungen wohltuend zusammenzufügen. So empfand ich das Wechselverhältnis von Kircheninnenraum und den in ihm aufgestellten Altären als harmonisch. Gewiss kann solch ein Kirchenraum, seit Jahrhunderten stehend, zur Schatzkammer der jeweiligen Kunstrichtungen und damit leicht zu einem Museum werden. Hier in dieser Kirche hatte ich keinen solchen Eindruck. Vielleicht lag es auch daran, dass sich immer betende Männer und Frauen in der Kirche befanden, die auf den wahren Sinn der Kirche hinwiesen.

Natürlich lässt sich über Geschmack streiten, weil er subjektiv empfunden wird. Doch zum Kunstverstehen einer Kirche gehört ein gewisses Vorverständnis, um die Auslegung religiöser Aussagen zu begreifen, die indirekt wie auch direkt mit dem Betrachter ein Wechselgespräch führen möchten. So beeindruckt mich die himmelwärts strebende und lichtfreundliche Gotik, während sie einen anderen nicht anspricht. Manch einer braucht dagegen zum Sichwohlfühlen in einer Kirche die barocke Kunstwelt, weil er selbst ein sinnenfroher Mensch ist. Jeder wird von seinem bestimmten religiösen Vorverständnis und seinen Veranlagungen her die Atmosphäre und die Bilderwelt einer Kirche aufnehmen. Das ist gut so, damit jeder für sich selbst in der Kirche das Geheimnis des Glaubens für sich neu entdecken kann.

Die Kirche in Jeruzalem ist von den Bewohnern des Umlandes mit Liebe und Bedacht für sie selbst gestaltet worden. Es ist ihre Kirche und Ausdruck ihres Glaubensverständnisses. So habe ich sie auf mich wirken lassen und angenommen. Ich fand die geschnitzten Holzbänke mit ihrer dunkelbraunen Farbe einladend gemütlich. Für eine Hochzeit waren sie mit Blumengesteck und weißen Schleifen geschmückt, was dem Kirchenraum eine fröhliche Atmosphäre gab. Verständlich, dass diese Kirche gerne als Hochzeitskirche gewählt wird.

Der Umgangsaltar steht im gotischen Ostgewölbe der Kirche. Links und rechts neben dem Marienaltarbild, der Schmerzenreichen, von Kreuzzugrittern des Malteserordens aus dem Heiligen Land mitgebracht, schauten mich von oben herab ehrwürdige vergoldete Bischofsgestalten an, die die Kirchenlehrer Augustin und Ambrosius versinnbildlichten. Das so entstandene Altarensemble – es ist nicht despektierlich gemeint – wirkte auf mich als Protestanten wie ein Opernbühnenbild, vor dem die Gottesdiensthandlung dramaturgisch von dem jeweiligen Priester zelebriert wird. Der Gottesdienst wird so in einer katholischen Kirche immer wieder zum Heilsdrama. Vieles geschieht für das Auge des Gottesdienstbesuchers: die prächtigen Priestergewänder, die feierlich gesprochenen Gebete und Bibel-Lesungen und die geheimnisvolle Eucharistiefeier mit dem aufsteigendem Weihrauch. »Schön war's«, sagen die Gottesdienstbesucher am Ende und drücken damit ihr Empfinden aus. Es fehlt an Worten, um das Erlebte wiederzugeben. Man muss nicht alles zerreden. Das Erlebte wirkt für sich.

Meine Blicke wanderten über den Altar zu den mit Blumenornamenten ausgeschmückten gotischen Gewölberippen. Ich erkannte das Zeichen des Deutschen Ritterordens: weißes Feld mit schwarzem Kreuz. Meine Frau und ich waren überrascht, es hier zu sehen. Aus dem Geschichtsunterricht wusste ich noch, dass sich der II. Kreuzzug auf dem Landweg entlang der Donau nach Jerusalem ins Heilige Land bewegte, weil Seeräuber das Mittelmeer für die Schifffahrt verunsicherten. Natürlich sind die Kreuzritter Deutschlands und Österreichs auf verschiedenen Wegen mit ihrem Gefolge zur Drava (= Drau) gezogen, um dann den Weg mit dem Schiff auf der Donau fortzusetzen.

Im Kioskladen neben der Kirche fragten wir: »Warum ist das Wappenzeichen des Deutschen Ritterordens in der Kirche angebracht?« Die Verkäuferin, eine dunkelhaarige nette junge Frau mit kastanienbraunen Augen, berichtete kurz und knapp seine Geschichte:

»Es stimmt schon mit den Kreuzrittern des Deutschen Ordens, dass sie hier den Weg zur Donau suchten. Ja, ein Ritter, der sich bereits von anderen über Jerusalem und das Heilige Land hatte berichten lassen und ganz davon begeistert war, meinte aufgrund der Schönheit dieses hügeligen Landes mit seinen Weinbergen, bereits in der Gegend von Jerusalem zu sein. Er hieß sein Gefolge sich hier lagern und nahm mit ihm das Land mit seinen Weinbergen in Besitz. Phantasie und Wirklichkeit fielen bei ihm beim Anblick der Landschaft zusammen. Doch er muss auch ein Mann mit Verstand und Lebenskunst gewesen sein, der erkannte, dass es sich lohnte, hier vor Ort seine Kräfte nutzbringend einzusetzen. Manche erzählen, der Graf von Ptuj hätte ihm das Land geschenkt, um mit ihm eine Schutzmacht gegen feindliche östliche Einfälle aufzubauen. Er konnte solches tun, denn Kaiser und Päpste hatten den Rittern des Deutschen Ordens erlaubt, Besitz zu haben und zu verwalten. Der Orden unterstand dem Papst und den Bischöfen. Der Grundgedanke des Ordens war Geistlichkeit und Ritterlichkeit, Schutz und Krankenpflege miteinander zu verbinden. So sollte eine neue geistliche Lebens- und Gemeinschaftsform für die Ritter entstehen. Ein Ordensritter sollte nicht nur Soldat sein, sondern ebenso seine Kräfte in der Pflege der Leidenden und Kranken einsetzen. Den Ordenskirchen standen gleiche Rechte wie den Pfarrkirchen zu, in ihnen durften alle geistlichen Handlungen vorgenommen werden. Zu diesen Kirchen konnten sich alle zählen und auf ihren Friedhöfen konnten sie sich begraben lassen. Die Besitztümer der Deutschen Ordensritter waren unantastbar und konnten deshalb sogar Asylrecht gewähren.

Die Legende über den Orden hier vor Ort dürfte mit den geschichtlichen Daten übereinstimmen. Denn 1203 stiftete der Erzbischof Eberhard von Salzburg in Friesach eine Komturei und dann folgten die anderen Landesfürsten der Ostmark. Für den Weintransport wurde dem Orden Zollfreiheit gewährt und damit der Grundstein seines Reichtums gelegt. Sie müssen zu dem Schloss, Velika Nedelja, Richtung Ormoz fahren, das heute noch, nach über 700 Jahren, von der Macht des Deutschen Ritterordens zeugt. Seine großen Weingüter wurden erst nach dem II. Weltkrieg teilweise verstaatlicht.«

Die Verkäuferin erzählte auch von den tapferen Frauen, die sich sehr wohl der türkischen Soldatenhorden des 17. und 18. Jahrhunderts zu erwehren wussten. »Manche dieser räuberischen Horden wurden in Fallen gelockt und dann besiegt, so dass die Türken fortan diese Gegend während ihrer Heereszüge nach Wien mieden.« Ich konnte ihren Stolz auf die Frauen der

Vergangenheit dieser Gegend gut verstehen und merkte, dass sie diese Tradition ihrer Vorfahrinnen fortsetzen würde, wenn wieder Not am Manne wäre.

Weil ich einmal während meines Studiums eine Seminararbeit über die geistlichen Ritterorden verfasst hatte, wusste ich, dass diese mit dem verdienten Geld nicht nur ihren Unterhalt bestritten, sondern auch Hospitäler errichteten. Eine soziale Wohltat für die damalige Zeit.

Wir kauften der Verkäuferin einige Postkarten und zwei Flaschen Traminer vom Ort ab, um beim Verkosten in die Welt des Deutschen Ritterordens eintauchen zu können. Dann fragten wir sie nach einem guten Gasthof, denn der neben der Kirche war geschlossen. Sie empfahl uns eine nicht weit gelegene Taverne, Jeruzalem-Sventinje, die wir in zehn Minuten erreichen könnten. Meine Frau wollte schon dorthin wandern, doch ich wusste um die Wegentfernungen nach einheimischer Schätzung. So fuhren wir dann mit dem Auto zwei Kilometer durch die Weinberge und kamen schließlich zu einer großen Taverne. Wir nahmen wegen des Rundblicks auf der Terrasse Platz. Die Speisekarte enthielt die Spezialitäten des Landes und dessen Weinsorten. Unsere Gastgeberin hatte uns empfohlen, Fisch zu essen, denn der würde in Slowenien gut zubereitet werden. Zu Fisch passt ein guter Weißwein. Wir hatten eine große Auswahl, so dass uns der Keller den besten vor Ort anzeigte. Es war ein vorzügliches Fischessen und den wenigen Wein, den ich wegen des Autofahrens nur trinken konnte, wollte ich dann am Abend mit meiner Frau nochmals kosten.

Der Tavernenbesitzer begrüßte seine Gäste und setze sich dann zu uns. Wir kamen ins Gespräch. Er kannte Deutschland, denn er hatte Verwandte in Württemberg, wo es in manchen Gegenden einen intensiven Weinbau gibt. Er erzählte von seinen Eindrücken und von seinem Vorhaben es hier in Jeruzalem genauso zu machen: »Die Württemberger haben einen guten Wein. Wir haben hier den Traminer und sind bekannt dafür. Ich habe mir alles, von der Weinaufbereitung, dessen Verpackung bis zu dessen Versendung, in einer Württembergischen Winzerei genau angesehen. Der Winzer hat mir nach der Auflösung Jugoslawiens beim Aufbau meiner Winzerei geholfen. Ich bin froh darüber, dass Slowenien nun ein selbständiger Staat ist.« Er schwieg.

Ich antwortete: »Slowenien gehört nun der EU an und Sie haben als selbständiger Weinbergbesitzer viele Exportmöglichkeiten.«

»Ja, das stimmt«, meinte er. »Doch der Wettbewerb ist hart. Es kostet viel Mühe und Arbeit solch ein Weingut mit seinen 20 Hektar zu erhalten und wirtschaftlich effektiv zu führen.«

»Ich verstehe Sie«, war meine Antwort. »Doch ich kann nicht viel zu Ihren Geschäftssachen sagen, denn ich bin Geisteswissenschaftler und Genießer eines guten Tropfens.«

Er lachte und fuhr fort: »Ich verkaufe auch offenen Wein. Sie können bei mir welchen zu einem günstigen Preis haben.«

Ich beschloss, welchen zu kaufen, denn wir wollten nach unserem Urlaub unseren Bekannten unsere Urlaubsdias zeigen und gleichzeitig ihnen diesen köstlichen Wein präsentieren. So kaufte ich zehn Flaschen. Daraufhin lud er uns ein, seinen Weinkeller zu besichtigen. Ich wusste, welche Ehre er uns damit erwies, uns sein Heiligtum zu zeigen. Nicht jeder Winzer lässt gerne Gäste seine Geheimnisse sehen. Wir betraten ein großes Kellergewölbe neben der Taverne, das tief in den Berghang führte. Es war kühl und die alten Eichenfässer standen links und rechts des Ganges.

»Ich habe nur wenig Wein in den Aluminumbehältern«, führte er aus. »Bei mir reift der Wein noch in Eichenfässer und erhält somit sein besonderes Aroma.«

Er ließ uns einige kleine Proben kosten. Weil wir zehn Flaschen kauften, bekamen wir eine elfte gratis.

»Besitz gibt Selbstbewusstsein«, sagte er beim Hinausgehen. »Er macht Familien stark und ruft sie zur Verantwortung auf. Besitz lässt auch Familien weiter bestehen. Ich werde meine Weinberge an meinen Sohn vererben. Das Weingut darf nicht unter Erben aufgeteilt werden. Die wenigen Verwandten können am Weinverkauf Anteil haben.«

»So hatte es auch mein Vater beschlossen«, entgegnete ich.

Er kam ins Philosophieren über die vergangene sozialistisch-kommunistische Zeit. »Unter Marschall Tito wurden wir ins technisch-industrielle Zeitalter geführt. Die Schulausbildung wurde gefördert. Doch wir fühlten uns durch das System eingekerkert. Es wurde fleißig gearbeitet, aber wenig verdient. Die Unzufriedenheit im Land wuchs, weil dem Einzelnen keine Gewinnchancen eingeräumt wurden. Durch das Fernsehen sahen wir, welchen Wohlstand sich die Menschen in Westeuropa erarbeiteten konnten. Jeder will mit seiner Arbeit Gewinn machen und frei handeln. Im Sozialismus, der das Kollektiv betont, ist dies kaum möglich. Jetzt, nach seinem Zusammenbruch, ist es besser und wir sind stolz, dass wir es geschafft haben selbständig zu werden. Wir lernen die Demokratie und die liberale Wirtschaftsform schätzen.«

Ich hätte ihm noch gerne zugehört und vor Ort mehr über die vergangene Lebensweise und die Umbruchszeit erfahren. Doch er wurde von seiner Frau ins Haus gerufen.

So verabschiedeten wir uns und wünschten einander Glück.

Auf dem Heimweg sagte ich zu meiner Frau: »Es ist das freundliche Klima und das fruchtbare Land, das die Menschen hier festhält und ihrem Leben durch die lohnenswerte Arbeit im Weinberg Sinn gibt.«

»Wahrscheinlich hat dies der Ritter des Deutschen Ordens auch so empfunden, als er hier siedelte und den Weinbau betrieb«, meinte meine Frau.

Berlin

Warum können sich manche Leute nicht freuen? Gut, es gibt viele Gründe.

Ich möchte psychologische Deutungen beiseite lassen, weil sie nicht viel sagen. Immer wieder wird erkannt, dass keiner die Psyche des anderen verstehen und ergründen kann. Wir können nicht in die Psyche des anderen schlüpfen, uns wie der Mitmensch benehmen. Jeder behält seine Eigenarten und somit seine Individualität. Interpersonelle Aussagen sind auch in einer Verhandlung unwichtig, denn es geht um Fakten. Auch nicht die hochgerühmte Psychologie und Psychotherapie und deren Vertreter sind dazu in der Lage. Es werden Äußerungen und Handlungsweisen festgehalten und dann tiefsinnig gedeutet, die wenig bis fast nichts über die Charaktereigenschaft des betreffenden Menschen aussagen. Im zwischenmenschlichen Bereich gelten noch immer die Leistung und das Vertrauen. In der Praxis zeigen sich der Charakter und die Verlässlichkeit des Menschen.

Aufgrund meiner Beobachtungen bin ich zu der Erkenntnis gekommen, es hängt mit der Einstellung zusammen. Manche Menschen finden sich sympathisch und manche nicht. Woran das liegt, weiß keiner zu ergründen, geschweige denn zu beantworten. Im Gehirn gibt es keinen Ort dafür. Die Psychologen sind im 20. Jahrhundert in der gleichen Situation wie die Mediziner des 19. Jahrhunderts, die eingestehen mussten: »Wir haben die Seele des Menschen nicht gefunden.« Der Mensch ist eine Seele. Auch die Gehirnforscher können die Wechselbeziehung zwischen physischer und psychischer Erkenntnis nicht erklären. Sie erkennen einen Gehirnstrom und wissen, dass die Gehirnteile miteinander vernetzt sind. Doch wo das Wissen lokalisiert ist und wie es zur Wissenserkenntnis kommt, können sie nicht benennen. Sie vermuten, dass dies durch die gehäufte Informationsaufnahme und deren Verarbeitung aufgrund der Vernetzung geschieht. Es hängt alles von der Information ab und wie der betreffende Mensch mit ihr umgeht. Auch in diesem Punkt gilt: wenn im Gehirn eine gute Vernetzung gegeben ist und die Nanoströme ungehindert laufen können, dann agiert der Mensch im Zwischenmenschlichen gut. »Wo nichts ist, da kann auch nichts wachsen«, sagt der Volksmund. Doch dem kann abgeholfen werden. Interesse ist zu wecken und Informationen zu sammeln.

Es gibt zwei Möglichkeiten auf eine Sache zuzugehen.

Die erste wäre, das Gegebene so zu nehmen wie es ist und sich überraschen zu lassen, was es einem eröffnet. Es ist die beschauliche Art und Weise. Es wird vom Menschen nur erwartet zu betrachten und sich vom Gegenstand gefangen nehmen zu lassen. Daraus ergibt sich ein Wechselgespräch zwischen dem Subjekt und dem Gegenstand als Objekt. Der Mensch als Subjekt reagiert und beurteilt, ob es gefällt oder missfällt. Über diese gemachte Erfahrung kann nachgedacht und weiter gehandelt werden.

Die zweite Möglichkeit ist, dass einer die Initiative ergreift und anhand von Vorkenntnissen nach dem Interessanten zu suchen beginnt. Er sucht das, was andere schon gefunden und erlebt haben. Das Erlebnis kann ambivalent ausfallen. Er kann genauso fühlen, wie der Autor, der darüber geschrieben hat. Oder er kann es nicht, weil er ganz anders fühlt und denkt.

Gewiss, beide Methoden ergänzen sich. Einseitigkeiten sind immer falsch. Doch zum Verstehen bedarf es einiger Vorkenntnis und Informationen.

Aus beruflichen Gründen habe ich öfters nach Berlin zu reisen und verbinde dies auch mit persönlichen Motiven, ohne meinem Arbeitgeber zu schaden. Ich möchte etwas über die Mentalität der Berliner und ihre Stadt herausfinden, die in den 20er Jahren des 20. Jahrhunderts zu einem Mythos hochstilisiert wurde, der mit dem Schlagwort die »Goldenen Zwanziger Jahre« belehnt wurde. Doch dem war nicht so. Heute wissen wir aufgrund von Untersuchungen, dass nur eine kleine Oberschicht Theater, Film und Unterhaltung beherrscht haben, während der Großteil der Bevölkerung um das tägliche Brot hart arbeiten musste, sich den extremen politischen Parteien anschloss, um das tägliche Brot und die Arbeit zu bekommen.

Zwei Weltkriege sind von Berlin ausgegangen. Die Russen haben Berlin immer mit dem Bösen verbunden. Nach dem II. Weltkrieg war es der Berliner Bürgermeister Ernst Reuter, der an die Welt appellierte: »Schaut auf diese Stadt«. Den Berlinern wurde während der sowjetischen Blockade geholfen. Wieder wurde Berlin zu einem Mythos: als freie Stadthälfte im kommunistischen Ostblock. Die Bundesrepublik hat die Stadt unterstützt und zu einem Schaufenster für den Osten gemacht.

Selbst der jugendlich aussehende amerikanische Präsident John F. Kennedy identifizierte sich mit den Bewohner der Stadt, als er bei einer Ansprache vor tausenden von Berlinern sagte: »Ich bin ein Berliner«. Über 40 Jahre war Berlin eine geteilte Stadt und 1961 wurde quer durch Berlin eine Mauer gebaut, um die Auswanderung aus der DDR zu unterbinden. Trotzdem versuchten viele die Mauer zu überwinden und etliche wurden dabei von den Grenzpolizisten erschossen. Die friedlichen Montagsdemonstrationen in Leipzig und dann überall in der DDR brachten die politische Wende. 1989 wurde die Mauer von der Bevölkerung Ost-Berlins auf friedliche Weise überwunden und dies führte zur Wiedervereinigung des geteilten Deutschlands. Keiner der Politiker hatte dies erwartet, obwohl sie viel von der Wiedervereinigung gesprochen hatten. Nun wurden die Sonntagsreden wahr. Im wahrsten Sinne des Wortes machten sich die Ostberliner auf und gingen zur D-Mark. Die Angelegenheit wurde durch die Wiedervereinigung normalisiert, so dass die Bewohner in der ehemaligen Deutschen Demokratischen Republik bleiben konnten. Die wirtschaftlichen Bedingungen des Westens wurden auf den Osten Deutschlands übertragen und mit der Einführung der D-Mark als verbindliches Zahlungsmittel im vereinten Deutschland besiegelt.

Mich interessierte, wie die beiden Stadtteile zusammengewachsen sind. West-Berlin habe ich mehrmals vor der Wende besucht. Imponierend, wie sich der Westteil präsentierte. Als Zentrum erschien das Europazentrum gegenüber der Ruine der Gedächtniskirche. Bereits die Wasserspiele mit der Wasseruhr, den gepflegten Einkaufszentren und den geschmackvoll ausgestatteten Cafés zeigten Westberlin als lebendige Stadt. Heute, im Jahr 2006, erscheint dies alles grau in grau. Es fehlt das pulsierende Leben der früheren Tage. Mein Berliner Arbeitskollege meinte: »Es fehlen die Millionen DM an Unterstützung wie bisher. Berlin hat keine eigenständige Wirtschaft. Berlin ist auf Hilfe angewiesen. Wenn diese ausbleibt, dann gehen hier die Lichter aus.« Gewiss, Menschen gehen durch das Europazentrum. Aber sie haben kein Geld. Wenn dem so ist, dann verfällt das Gebäude. Ganz anders sieht dagegen die Kaiser Wilhelm Gedächtniskirche aus. Der oktogonale Betonbau aus blauen Glassteinen neben der Kirchturmruine der ehemaligen Kirche aus dem 19. Jahrhundert, gewährt den Besuchern in seinem Inneren Ruhe angesichts des starken Verkehrslärms. Die Augen gewöhnen sich an das Dunkle des Raums und werden auf den golden glänzenden Corpus des segnenden Christus gelenkt. Die vielen Besucher und Beter lassen erkennen, dass ihnen der Kirchenbau das gibt, was sie an innerer Einkehr und Stille in der Stadt suchen, um zu sich zu kommen. Selbst die blaugepolsterten Stühle nehmen sich wohltuenden gegenüber so mancher harten Kirchenbank aus.

Der Kurfürstendamm erschien mir nicht mehr wie früher das Schaufenster Berlins zu sein. Gewiss sind einige neue Gebäude aus Stahl und Beton errichtet worden, die nachts in verschiedenen Farben aufleuchten. Verschwunden sind dagegen manche nette Straßencafes und das berühmte Café Kranzler wird im ersten Stock nur durch einen Freundeskreis fortgeführt. Auch kleine, praktische Geschäfte gibt es nicht mehr. Wie in jeder Großstadt werden Büroflächen provisionsfrei angeboten. Im Karree stehen die Räume im ersten Stock leer. Auf meine Frage: »Wo sind denn die Ladenbetreiber verblieben?« bekam ich vom Kioskhändler als Antwort: »Die sind in die Friedrichstraße gezogen. Da ist mehr los. Wir haben hier ein Museum, das die Nachkriegsgeschichte zeigt. Wir leben von der Vergangenheit, und die bringt wenig Geld.«

An einem Haus in der Kurfürstenstraße las ich die Gedenktafel für den österreichischen Schriftsteller Robert Musil, der hier Teile seines Romans »Mann ohne Eigenschaften« geschrieben hat. Sein Buch erscheint kennzeichnend für die geistige Situation der 20er Jahre des 20. Jahrhunderts in Berlin. Er meinte in seinem unvollendeten Buch: »Es fehlten Persönlichkeiten mit Wertvorstellung und Charakter.« Gewiss können viele jetzt einwenden, Berlin sei das geistige Zentrum Deutschlands gewesen. Weit gefehlt, auch wenn sich viele Künstler, Musiker, Philosophen und Dichter hier tummelten, so jagten sie wie der kleine Mann nach dem Geld, um leben zu können; denn ihre Werke erbrachten wenig für den eigenen Unterhalt. Jeder dachte an sich und nicht an das Gemeinwohl. Die rauschenden Feste und Gesellschaftskreise verdeckten die Krise des Bürgertums und den aufmarschierenden Machtanspruch der NSDAP. Der Geist erschien zu schwach gegen die Gewalt. Wahrscheinlich hatte Musil mit seinen Bemerkungen Recht. Es fehlte in den dreißiger Jahren in der Massenstadt Berlin mit ihren Mitläufern wirklich an Männern und Frauen mit Eigenschaften.

Der Gang in das bekannte geschmackvoll eingerichtet große Kaufhaus KaDeWe lohnte sich immer. Jede Etage war wohltuend für die Sinne und das Auge arrangiert. Im Dachgeschoss des Kaufhauses befindet sich ein gutes Restaurant. Ich suchte mir einen kleinen Imbiss aus und setzte mich an einen Fensterplatz und genoss den Ausblick auf Berlin. So weit das Auge reichte Häuser und Straßenschluchten, aus denen der hohe Fernsehturm am Alexanderplatz herausragte.

Ich überlegte, ob ich in das »Theater des Westens« oder in die Philharmonie gehen sollte, denn ich konnte über das Wochenende in Berlin bleiben, da meine Familie zu den Schwiegereltern gefahren war. Das Theater kannte ich und habe manche Inszenierung in guter Erinnerung. Ich bemerkte, dass ich in West-Berlin eigentlich nur bekannte Orte und Plätze aufgesucht hatte. Das tut jeder Besucher, wenn er nicht Bekannte hat, die ihn in ihre Stammkneipe mitnehmen, um ihm, dem Touristen, echtes Berlin zu zeigen. Ich entschloss mich, in die Philharmonie zu gehen. Mit der U-Bahn fuhr ich zum Potsdamer Platz und wandte mich dann der Philharmonie zu, deren markantes Gebäude mir sofort auffiel. An der Kasse bekam ich noch eine Karte für die konzertante Aufführung von Claude Debussys »Pelleas et Melisande«, nach Texten von Maurice Maeterlinck, unter Sir Simon Rattle. Dies versprach ein Kunstgenuss zu werden. Im Foyer las ich mich noch in das Programmheft ein, um den Gang der Handlung zu verstehen. Claude Debussy mochte ich. Doch von Maeterlinck hatte ich wenig gehört. Im Programmheft las ich über ihn, dass er Flame aus Gent sei und die Künstler des Fin de siecle in wahre Begeisterung versetzte. Ja, er wurde mit seinen Werken als Begründer eines neuen, noch völlig im Unsicheren tastenden Menschentums gesehen. Sein Werk »Pelleas et Melisande« spielte in einer ferner Zeit und Welt. Er versetzte die äußere Handlung in eine innere. Er legte Wert auf eine Wahrheit hinter dem äußeren Schein. Die Personen sprachen gemäß des Symbolismus' in Bildern und Rätseln. Ein gewisser Fatalismus lag der Handlung zugrunde. Die Akteure klagten einander ihre Probleme, ohne sie zu lösen. Sie liebten, ohne zu wissen und töteten, ohne es zu wollen. Es war ein Schwellenstück, das die alte Zeit verließ und den Neuanfang noch nicht kannte. Claude Debussys Musik erschien mir als beschwörende Sprache, als eine traumwandlerisch hellsichtige, beinah andächtige Vertonung des Dramas, die den schwerelos erscheinenden französischen Sprechgesang wiedergab. Sir Simon Rattle verlebendigte mit den Berliner Philharmonikern die Tonkunst des Franzosen. Vom Gesang her ragte die schwedische Altistin Anna Larsson als Genevieve heraus, die durch ihre Stimme die Abgründe zwischen Leben und Tod wie auch das Dunkle der Existenz wiedergeben konnte. Der Zuhörer merkte, dass die Musik von Claude Debussy und Gustav Mahler ihre Musik war. Natürlich stellte ich mir die Frage nach dem Zeitbezug dieses Stückes zur Jetztzeit. Wahrscheinlich wurde es ausgewählt, um auszusagen, dass die Jetztzeit auch eine Schwellenzeit ist, die neue Wege für Mensch und Natur, Gesellschaft und Wirtschaft sucht.

In der Pause trank ich ein Glas Sekt, wegen der etwas verbrauchten Luft und auch um den Kreislauf zu stärken. Mit einem Berliner kam ich über die konzertante Aufführung auf seine Stadt zu sprechen: »Berlin ist eine Stadt, die Anziehungskraft hat.« Er ergänzte: »Nach Berlin sind immer Fremde gezogen und haben sich hier niedergelassen und Handel getrieben: Juden, Hugenotten, Mähren, Russen, Polen und jetzt Türken. Neue Menschen, neue Lebens- und Wirtschaftsweisen, neue Kommunikationsformen haben die Stadt immer wieder verändert.« Ich verwies: »Die Neuankömmlinge der großen Land-Stadt-Zuwanderung wohnten im 19. Jahrhundert in Slums, dann in Betriebswohnungen und sind so sozial aufgestiegen.« Er entgegnete: »Heute geschieht dies anders. Die Einwanderer bekommen Sozialwohnungen. Die Stadt verändert sich nicht nur in einzelnen Situationen, sondern auch in den Bewohnern und ihren Besitzverhältnissen.« Ich fügte seinen Gedanken hinzu: »Dabei entsteht der anthropologisch-soziale Gegensatz: »Wir–Ihr«. Er antwortete: »Gewiss gab es schon immer diese Gegensätze. Ich kann heute schwer sagen ›meine‹ Stadt angesichts der Zuwanderer. Es ist nicht mehr ›meine‹ Stadt, wie ›ich‹ sie gewohnt bin. Gewiss, etwas Nostalgie schwingt mit und verhindert, den Fluss der Zeit wahrzunehmen. Doch ich spüre, dass mein ›ich‹ im Verlauf des Wandels die von mir angeeignete Stadt ›verloren‹ hat. Die Stadt ist mir gewissermaßen ›entglitten‹. Es ist nicht mehr meine Stadt, in der ich mich wiederfinde. Das ist nicht nur psychologisch gemeint, sondern auch sozial, ökonomisch und ganz besonders auch politisch.« Ich warf ein: »Die Ansprüche werden nicht mehr befriedigt. Die Stadt ist ›zur Beute‹ anderer geworden. Die Menschen und selbst die Firmen werden personalisiert: ›die Ausländer, die asiatischen Firmen‹.« Er schaute mich an. »Schauen Sie sich Berlin an und hören Sie, was sie Ihnen sagen will. Sie gewinnen dann Ihr persönliches Bild von der Stadt, das zu meinem im Gegensatz stehen kann. Ihr Eindruck entscheidet, meinen vergessen Sie schnell. Ich wünsche Ihnen noch viel Spaß in Berlin.«

Am nächsten Morgen schaute ich mir das neugebaute Regierungsviertel an und begann mich in das konkrete Ereignis der Stadt einzuordnen. Die Stadt bestimmte nun meinen Tagesablauf. Sie war nun der Text, den ich zu lesen begann. Ich beschreibe, was ich sah und empfand. Die Stadt bildete den Basishorizont des Alltagslebens, unter dem sich Arbeit und Freizeit, Reichtum und Armut, Bildung und Unwissen, Mobilität und Traditionalität, Kultur und Ignoranz, Zivilität und Egoismus, globale Effekte und lokale Besonderheiten beobachten ließen. Alles war unter diesem Stadthorizont vernetzt. Ich eignete mir die Stadt als Besucher an und ging auf das Areal des Reichstags zu, der eine bewegte Geschichte hat: Reichstagsbrand, zerbombt im II. Weltkrieg, Wiederaufbau mit moderner Innenausstattung. Er steht klotzig auf der grünen Wiese. Die deutsche Fahne wehte auf der gläsernen Kuppel, in der innen auf der Treppenspirale Menschen hochstiegen. Ich betrat die Portaltreppen und stand im lichtdurchfluteten Innenraum. Ein Aufzug brachte mich auf die Kuppelplattform, von der ich einen Einblick in den Plenarsaal des Bundestages hatte. Von der Kuppel genoss ich den Rundblick über Berlin. Es erschien mir gut, dass der Reichstag für die Besucher geöffnet ist, um sich eine Vorstellung über den Ort des politischen Geschehens der Bundesrepublik zu machen. Mein Weg führte zum Kanzleramt, das für mich wie ein Betonbaukasten aussah. Wenn nicht das Wasserbassin und die Bäume da wären, wäre alles grau in grau. Ich stellte mir vor, wenn der Berliner Himmel sich tagelang graublau über die Stadt wölbt, wie dann das Ensemble der Gebäude rund um das Kanzleramt, die als Zweckbauten aus Glas und Beton errichtet sind, erscheint.

Mein Weg führte mich weiter zum Brandenburger Tor, das mit den ihn umgebenden wiedererrichteten Bauten aus der Vergangenheit wie zugebaut aussah. Früher, trotz ehemaliger grauer Mauer mit Stacheldraht und Wachhäuser, die die Stadt teilten, erschien mir das freistehende Brandenburger Tor imposanter und bot auch die richtige Kulisse für die Worte des amerikanischen Präsidenten Ronald Reagan: »Mr. Gorbatschow, open the door.« Einige Jahre später war es dann soweit. Der Regierungssprecher der ehemaligen DDR verkündete am 9.11.1989: »Die Mauer ist offen. Sie können in den Westen.« Damit war der Weg frei für die Ostberliner, durch das geöffnete Mauertor in den Westen zu fahren. Verständlich, dass sie vor Freude auf der Mauer tanzten, über dieses für schier unmöglich gehaltene Ereignis. Leider ist kein Stück Mauer am Brandenburger Tor zur Erinnerung an das Eingeschlossensein der ostdeutschen Bevölkerung unter der kommunistischen DDR-Regierung erhalten geblieben. Eigenartig, wie mit der Erinnerung umgegangen wurde. Es scheint so, dass der Westen die Spuren der verhassten DDR-Regierung und ihrer Bauwerke voll und ganz aus dem Bewusstsein der Bevölkerung auslöschen wollte. Ob das der rechte Umgang mit der Geschichte sein kann, möge dahingestellt sein. Schließlich war der DDR-Staat ein gesellschaftlicher Versuch auf deutschen Boden mit deutschen Bürgern, der vierzig Jahre Bestand hatte und dann von der eigenen Bevölkerung wegen schlechter Wirtschaft über Bord geworfen wurde. Das deutsche Volk hatte sich trotz geschichtlicher Trennung entschieden, im Sinne der Worte

Johann Wolfgang von Goethes aus »Faust II«: »Ein freies Volk auf freiem Grund zu sein.« Geschichtlich gewachsene Tradition lässt sich nicht verdrängen. Die friedliche deutsche Wiedervereinigung ist nicht ohne die vergangene kommunistische Diktatur der DDR zu verstehen. Treffend beschrieben Willy Brandts Worte das geschichtlich spontane Ereignis der Wiedervereinigung: »Es wächst zusammen, was zusammengehört.« Keiner der Politiker in Ost und West noch ihre jeweiligen Geheimdienste erahnten, dass die geschichtspolitischen Vorgänge gegen die DDR einmal Wirklichkeit werden könnten. Gewiss gab es seit Jahren die Montagabends-Friedensgebete in Leipzig und an anderen Orten der DDR. Doch dass der Unmut über die DDR-Regierung bereits so stark im Volk Fuß gefasst hatte, konnte keiner vorhersagen bzw. erahnen. Wahrheitsgetreu muss auch erwähnt werden, dass die DDR-Regierung die Demonstrationen in Leipzig nicht, wie die Chinesen ihre Studentenrevolte auf dem Platz des Himmlischen Friedens in Peking, mit Panzern niederwalzten. Die kommunistische Regierung der DDR wollte kein Blutvergießen, wie 1953, als am 17. Juni der Arbeiteraufstand der Ostberliner niedergeschlagen wurde. Volkspolizei und Demonstranten bewahrten beim Aufeinandertreffen die Ruhe und die Disziplin. Gerade dieses friedliche Verhalten der Demonstranten besiegte die kommunistische SED-Regierung.

Ich habe die Fernsehbilder mit den fröhlichen Gesichter, den Sektgläsern und dem Feuerwerk noch gut in Erinnerung, wie auch die der Volkspolizisten, die ruhig und sachlich blieben und deswegen von den fröhlichen Menschen respektiert wurden. Es lohnt sich deshalb, des geschichtsträchtigen 9. November in der deutschen Geschichte als Tag der deutschen Wiedervereinigung zu gedenken und zu feiern. Leider wurde dafür der 3. Oktober festgelegt, weil an diesem Tag 1990 der Wiedervereinigungsvertrag unterschrieben wurde. Dieser Tag ist der offizielle Feiertag und wird im Sinne des deutschen Föderalismus von den 16 Bundesländern abwechselnd gestaltet und nimmt seitdem Gestalt im Bewusstsein des Volkes an.

Ich marschierte nun zum jüdischen Mahnmal, über dessen Gestaltung jahrelang gestritten wurde. Der Blick vor Ort ließ den Stelenwald aus Beton gar nicht so hässlich erscheinen, wie immer wieder behauptet wurde. Es ging wirklich eine Stille des Gedenkens von ihm aus, auch wenn Berliner Jugendliche anfangs von Stele zu Stele hüpften, was dann durch Polizeiaufsicht unterbunden wurde. Ein Gang durch das Stelenlabyrinth veranschaulichte die erlebte Hoffnungslosigkeit der in den KZs eingesperrten, deportierten Juden. Das Museum zeigte in Schaubildern das Schicksal jüdischer Familien, die in den KZs umgekommen waren. Die jüdische Gedenkstätte hatte hier eine würdige Form, im Gegensatz zu der des Terrors der NS-Regierung in Berlin, gefunden. Es war nicht leicht, eine rechte Gestaltung für die Erinnerungsstätten an die von Menschen an Menschen getane Grausamkeit zu finden.

Ich schlenderte die Prachtstraße »Unter den Linden« entlang, die vom Brandenburger Tor zum Alexanderplatz führte, am Adlon-Hotel mit seinen livrierten Hoteldienern, an dem in Zuckerbäckerstil erbauten Gebäude der russischen Botschaft vorbei. Dann bog ich in die Friedrichstraße ein, wanderte am Bahnhof Friedrichstraße entlang. Hier war zu DDR-Zeiten immer mein Eintritt in den Ostteil der Stadt. Die Pass- und Gepäckkontrollen waren für mich zügig verlaufen. Der Geldumtausch geschah in der Wechselstube problemlos. Der Unterschied von einem Teil zum anderen Teil der Stadt war gravierend. Es war der Eintritt in eine andere Welt. Die Menschen unterschieden sich durch ihre grobschlächtige Kleidung von denen des Westens. Ein eigenartiger Benzingeruch drang einem in die Nase. Der Anblick nicht restaurierter Häuser wirkte deprimierend. Trotzdem gab es Lichtpunkte, so das im Jugendstil erbaute Schauspielhaus des »Berliner Ensembles« mit seinem davor in Bronze gegossenen sitzenden Bertolt Brecht. Seine Stücke wurden hier nach Brechts Tod 1956 werkgetreu aufgeführt. Sie waren in der Tat eine Bereicherung der Theaterlandschaft im deutschsprachigen und europäischen Kulturraum. Ein Besuch des Berliner Ensembles lohnte sich, auch wenn die Aufführungen im Dienst der kommunistischen Ideologie standen, was so von Brecht nicht angezielt wurde. Gewiss wollte er mit seinen Theaterstücken die Besucher zum Mitdenken auffordern und zur Veränderung der Lebenssituation anregen. Er hasste das Theater als bloße Unterhaltung. Brechts Stücke müssen auch heute nicht wie die der anderen Autoren modernisiert werden, denn ihre Botschaft von der Unterdrückung des Menschen durch den Menschen scheint klar zu sein.

Auffallend erschien mir in der Friedrichstraße der »Palast Friedrichstraße« als Operetten- und Revuetheater. Dieser Spielbetrieb steht im schroffen Gegensatz zu Brechts Theaterkonzeption. Anscheinend brauchten auch im kommunistischen System die Menschen diese Revueunterhaltung im Stil der 20er Jahre und in Anlehnung an Paris. Es ist der diktatorischen Staatsform im Nachhinein anzuerkennen, dass sie der Vielschichtigkeit ihrer Bürger gerecht zu werden versuchte.

Der Weg zum Brechtzentrum in der Chausseestraße war nicht weit. An der Kreuzung der Oranierstraße sah ich die goldene Kuppel der jüdischen Synagoge. Ja, dort war einst das jüdische Viertel von Berlin. Doch jetzt schien seine Zeit vergangen zu sein. An der Chausseestraße liegt der Dorotheen-Friedhof, auf dem die deutschen Geistesgrößen des 19. Jahrhunderts, die Politiker und die Feldmarschälle der Geschichte Preußens begraben sind. Auf Bertolt Brechts Grab steht ein Granitstein mit seinem Namen. Eigentlich wollte er kein Denkmal, sondern, dass seine Stücke gespielt und seine Lyrik gelesen würden. Das wäre für ihn das rechte Denkmal. Gleich anschließend an den Friedhof ist Brechts Wohnung als Museum zu besichtigen. Im Haus Chausseestraße 125 ist auch die Brecht-Buchhandlung untergebracht und in den Kellerräumen befindet sich ein im Stil der Bürgerzeit eingerichtetes Restaurant, in dem nach dem Rezeptbuch von Brechts Frau, Helene Weigel, gekocht wird. Wer sich für die häusliche und räumliche Atmosphäre des literarischen Schaffens Brechts interessiert, gewinnt durch den Besuch dieser Brecht-Gedenkstätte auch einen Einblick in Brechts Lebens- und Denkwelt.

Ich kehrte auf demselben Weg zurück und gelangte zur Straße Unter den Linden. Ich nahm, wie aus einer fremden Welt, das Reiterbild Friedrich des Großen in der Straßenmitte nach Osten reitend, wahr. Ich ging an der Deutschen Oper vorbei und blickte auf das klassizistische Gebäude der Humboldt-Universität. Ich gelangte zur Alten Wache, an der früher DDR-Soldaten Wache standen, und sah die ewige Flamme im Inneren brennen. Das ehemalige Zeughaus Berlins war zu einem Historischen Museum ausgebaut worden. Ich überquerte die Spreebrücke und hörte unter mir die Ausflugsdampfer vorbeifahren. Mein Blick fiel auf die glänzende Fassade des Palastes der Republik, der nun abgerissen werden soll und ich erinnerte mich der Worte: »Sic transit gloria mundi.« Gleich nach der Wende wurde diskutiert, ob an der Stelle des Palastes der Republik, der Asbest verseucht sei, die Fassade des 1949 gesprengten Berliner Schlosses der Hohenzollern wieder aufgebaut werden sollte. Gewiss, der ehemalige Palast der Republik war nicht beliebt und die DDR-Nostalgie war in Berlin nach der Wiedervereinigung nicht groß. Honeckers Prophezeiung auf dem letzten Parteitag hatte sich nicht bewahrheitet: »Nicht Ochs noch Esel bringen den Kommunismus zugrunde.« Die neue gesamtdeutsche Regierung war bereit alles, was an die DDR erinnerte, langsam aus dem Berliner Stadtbild und dem Bewusstsein der Menschen zu tilgen. Mit Verlierern gingen die Machthaber zu allen Zeiten schon immer hart um. Vieles erinnerte an Michail Gorbatschows Worte auf diesem Parteitag: »Wer zu spät kommt, den bestraft die Geschichte.« Mancher Berliner schien über die neuen Pläne zur Gestaltung der Stadtmitte nicht begeistert zu sein. »Das kostet die Steuerzahler nur eine Menge Geld. Die Monarchie ist seit 1918 vom Volk abgewählt worden. Sie hat seitdem keine Verankerung im Volk. Zu einem Schloss gehört ein König und den haben wir nicht mehr und wollen ihn auch nicht.« Nach dem Willen der Initiatoren sollen die Wiederaufbaukosten durch Verkauf und Vermietung der Räume des wiedererrichteten Schlosses aufgebracht werden. Wegen des labilen Grundes von Berlin mussten die Architekten eine Methode finden, die die Balance zwischen Dom und den Abbrucharbeiten stabilisiert, damit nicht der Dom hochgehoben werde.

Ein Blick in den Berliner Dom lohnt sich immer. Er wurde durch die Gelder der Evangelischen Kirche Deutschlands nach 1945 restauriert. Er ist im Stil des Barock während der Kaiserzeit als repräsentativer Sakralbau errichtet worden. Eigentlich zu prunkvoll für eine evangelische Kirche, in der das Wort Gottes und die Sakramente im Mittelpunkt stehen. Wahrscheinlich musste mancher Prediger gegen die Schönheit der Innenausgestaltung ankämpfen, um seinen Zuhörern Gottes Wort vermitteln zu können. Die große Orgel erfüllt mit ihrem Klang die hervorragende Akustik des Kirchenraums. Das kirchliche Leben in Berlin ist trotz anders lautender Berichte gut. Wer in seiner Kindheit von seinen Eltern in den Glauben eingeführt wurde, hat sich auch später einen guten Verstehenshorizont für die Gedankenwelt des Glaubens erhalten. Noch immer bestimmen die Informationen der Eltern und deren Welt- und Lebenseinstellung das Leben der Kinder. Was diese dann im Leben daraus machen, hängt von den Heranwachsenden selbst ab. Denn jeder ist seines Glückes Schmied.

Von den Portalstufen des Berliner Doms öffnet sich der Blick auf die Berliner Museenwelt mit ihren Schätzen. Sie sind alle lohnenswert zu besuchen und lassen einen in eine vergangene Welt eintauchen. Es stimmt schon, was Museumswärter sagen: »Jeder Museumsbesucher erweckt durch sein Betrachten der Bilder und der Statuen diese zum Leben. Er findet an ihnen das für sich Bemerkenswerte.« Interessierte Besucher gewinnen im Pergamon- wie auch im Bode- und den anderen Museen plastische Anschauung zu ihrem geschichtlichen Wissen. In allen Berliner Museen hätte ich stundenlang betrachten und meditieren, mit den Objekten Zwiesprache halten und neue Impulse für mein Leben erhalten können. Doch ich beließ es beim Besuch des Pergamonmuseums, denn dessen Objekte hatten meine Erwartungen erfüllt. Irgendwie kehrte ich nach dem Museumsbesuch im Sinne Rainer Maria Rilkes verändert und gewandelt in die Alltagswelt zurück. Nach dem Krieg waren in den zerbombten deutschen Städten die Theater und Konzerte gut besucht. Die Menschen benötigten die Kunst und Kultur als Hinweis auf das Schöne angesichts des Anblicks der Ruinen. Wegen der Museen wäre es nötig, Berlin öfters einen längeren Besuch abzustatten.

Zu den Gebäuden um den Lustgarten ließen sich viele Gedanken niederschreiben. Ihre klassizistische Monumentalität erscheint manchen zu bombastisch, weil sie nichts ursprünglich Deutsches ist, sondern eine Kopie antiker Bauten. Es ist eine längst vergangene Welt, die im 19. Jahrhundert idealistisch durch die klassische Bildung der Gymnasien überhöht wurde. In München gibt es ähnliche Bauten rund um den Königsplatz, entlang der Ludwigstraße und der Maximilianstraße, die durch den bayerischen König Ludwig I. errichtet wurden. Die Münchner meinten damals bereits: »Unsere Stadt ist das Isar-Athen.« Jede Stadt hat mit ihrer Vergangenheit zu leben und das Beste daraus zu machen. Ein Problem mit ihren Innenstädten haben alle Großstädte, weil sie menschenleer und öde geworden sind. Wegen der besseren Lebensqualität ziehen die Menschen an den Stadtrand. Nun ziehen die Museen als Bildungsträger die Menschen wieder in die Innenstadt.

Auf dem Alexanderplatz bilden die Marienkirche, der Fernsehturm und das Rote Rathaus ein Ensemble. Der Platz wird öfters als Marktplatz, Jahrmarkt und zu Begegnungen genutzt. Das aus roten Backsteinen erbaute Rathaus mit seinem quadratischen Turm belebt die grauen, aus Beton gebauten Kaufhäuser. Der Fernsehturm, durch sein sich drehendes Kugelrestaurant, war zu DDR-Zeit für das kommunistische Regime ein Ärgernis, weil die Sonnenstrahlen auf ihm ein Kreuz bildeten, das auch nicht durch technische Nachbesserung ausgelöscht werden konnte. Vom Fernsehturmrestaurant aus lässt sich schön auf die Stadt und das Umland schauen.

Die Marienkirche ist, neben der Nikolaikirche, eines der ältesten noch erhaltenen Bauwerke der Stadt. Hier befand sich das Zentrum des einstigen Berlins. Kunsthistorisch sind im Turmraum der Marienkirche die Totentanzbilder mit ihrer Beschriftung beachtenswert. Sie sind neben denen der Lübecker ein Zeugnis aus einer vergangen Welt, das einen Einblick in die Mentalität und Lebenswelt der Menschen des 15. Jahrhunderts gewährt. Eigenartigerweise wurden die damaligen Menschen trotz des Wissens um ihre Vergänglichkeit und der der Welt nicht pessimistisch, sondern gewannen aus dem Wissen um den Tod ihre Lebenswerte für Gegenwart und Zukunft. Diese vergangene Lebenseinstellung steht im Gegensatz zu der heutigen, die von der Schnelligkeit, der Technik, des elektronischen

Fortschritts und der Spaßkultur beherrscht wird, und so viel hat, dass sie immer wieder in Depression verfällt. Damit soll die gegenwärtige Lebenswelt nicht schlecht gemacht werden, denn ihre Menschen leben auch nach Wertvorstellungen. Zu ihrem Leben und dessen Zielen mussten Menschen zu allen Zeiten eine persönliche Antwort finden.

Der heutige Alexanderplatz gleicht nicht mehr dem Alexanderplatz der 20er Jahre des 20. Jahrhunderts, wie ihn Alfred Döblin in seinem berühmten Roman »Berlin Alexanderplatz« beschrieben hat. Es gibt nicht mehr die Bierkneipen, die einst das Wesen des Alexanderplatzes ausmachten, in denen die Hauptfigur Franz Biberkopf zu Hause war und seine Lebenserfahrungen machte. Wie überhaupt die Bierkneipen als gute Stube der Berliner aus dem Stadtbild verschwunden sind. Die neue Wohnkultur mit Wohnzimmer hat sie überflüssig gemacht. Heute beherrschen den Alexanderplatz Wohn- und Geschäftshäuser.

Das Stadtbild Berlins wird durch seine breiten Straßen mit ihren Geschäften bestimmt. Die Trottoirs sind breit genug zum Flanieren und zum Besichtigen der Schaufenster. Ja, die Straßencafes sind gut besucht und erlauben, bei einer Tasse Kaffee den Straßenverkehr und seine eilenden Menschen zu betrachten.

Interessant ist zu beobachten, wie sich durch die deutsche Wiedervereinigung die Stadt selber neu geformt hat. Ja, der Historiker könnte sagen, die Stadt ist zu ihrem Ursprung zurückgekehrt und hat nun einen Mittelpunkt, und nicht wie früher während der Teilung zwei. Wie bereits erwähnt, hat der frühere Weststadtmittelpunkt mit der Gedächtniskirche, dem Europazentrum und dem Kurfürstendamm an Bedeutung verloren. Dagegen haben sich wieder der Alexanderplatz und die Friedrichstraße zum Mittelpunkt der Stadt entwickelt. Die Friedrichstraße ist die Straße der Geschäfte und der Banken geworden. Das Kaufhaus »Lafayette« nimmt durch sein Ambiente den Besucher sofort gefangen. Im Erdgeschoß die Lebensmittelabteilung mit ihrem reichhaltigen Angebot an Schokolade, Weinen, Fleisch, Fisch und Obst. In den weiteren Stockwerken bietet die Kleider- und Schuhabteilung eine reiche Auswahl. Die Straßen Berlins mit ihren Geschäften und Hotels können sich mit denen jeder anderen Großstadt der Welt messen.

Ich ging zum Tiergarten zurück, der durch zwei große Verkehrstraßen geteilt wird, die sternförmig auf die Siegessäule zu laufen. Diese große Parkanlage ist wohltuend für jeden Stadtbesucher, der genug vom Besichtigen und Schauen hat. Es lässt sich auf den gepflegten Weg des Tiergartens gehen, die breit genug für Radfahrer und Jogger sind. Auf den großen Wiesen nehmen bei warmen Temperaturen Frauen und Männer ihr Sonnenbad. Mütter mit Kindern spielen etwas abseits von ihnen. Hunde müssen an der Leine geführt werden.

Der Biergarten beim Schleusenwärter lud mich wie immer zum Sitzen unter Kastanienbäumen, zum Biertrinken und zum Essen ein. Wegen seiner angenehmen Atmosphäre war er gut besucht. Schnell kam es zu einem Gespräch mit den Tischnachbarn. Anscheinend sind Berliner neugierige Leute und wollen wissen, wie ihre Stadt den Besuchern gefällt. Nach meinen guten Eindrücken, die sie zu hören bekamen, waren sie auch bereit, sich den kritischen Fragen zu stellen. »Wie sieht die Wirtschaft in Berlin aus?« – »Ja, die Wirtschaft ist nicht gut, weil es an Industrie fehlt.« – »Verständlich, dass die Schulden der Stadt enorm sind.« – »Dies ist dadurch bedingt, dass Berlin immer vom Bund subventioniert wurde und aus dem Vollen schöpfte.« – »Nun ist es schwer maßzuhalten, weil an Berlin als Bundeshauptstadt auch immer neue Forderung und Aufgaben herangetragen werden.« – »Der Wunsch ist, dass Berlin wieder etwas an Weltgeltung gewinnen möge.« – »Es ist die Stadt zwischen Paris und Moskau und kann trotzdem nicht so die Aufmerksamkeit auf sich ziehen.« – »Die Stadt hat genügend Theater, Universitäten und Museen. Trotzdem hat sie nicht den guten Klang wie München, Wien, Prag und die anderen Hauptstädte der Welt.« – »Berlins Zukunft ist gewiss offen. Es kann an Renommee nur gewinnen.« – »Es bedarf des langen Atmen und des geschickten Wirtschaftens.« – »Wir Berliner sind helle. Cleverness und eine gewisse Beweglichkeit sind notwendig.« – Auf meine Bemerkung: »Aber auf ›wir Berliner‹ lässt sich kein Staat machen« waren meine Gesprächspartner etwas eingeschnappt. Wir schauten uns an. »Vielleicht haben Sie Recht, das ›aber‹ ist etwas zu wenig. Berlin benötigt Investoren und Industrie. Die Einkaufszentren am Stadtrand schaffen den Aufschwung nicht.« – »Ich will nicht klug daherreden. Doch es gilt, Industrie in Berlin anzusiedeln.« Das Bier wurde nach diesem Gedankenaustausch ausgetrunken. Ich wünschte Ihnen gute Gedanken und trat meinen Weg ins Hotel an. Im Großen und Ganzen war ich mit meinen Eindrücken von Berlin zufrieden.

Natürlich gibt es in Berlin noch mehr zu sehen und zu besichtigen. Deshalb fahre ich gerne zu Geschäftstagungen nach Berlin und verbinde damit eine Erkundung der Stadt. Gleichzeitig lerne ich auch meine Stadt München besser zu verstehen. Es ist historisch spannend herauszufinden, wie jedes Jahrhundert der Stadt sein Bild aufgeprägt und seine Stadtteile ausgebaut hat. An Rom war mir dies besonders aufgefallen, wo ein Viertel nach dem anderen im Laufe der Zeit sein typisches Gepräge erhielt. Heute ist in Berlin dieses Viertel das Regierungsviertel. Stadtplanungen sind wichtig für die Menschen, damit sie menschengerecht leben und arbeiten können. Es lohnt sich darüber nachzudenken, dass die europäischen Städte am Anfang genau so ausgesehen haben wie die schnell wachsenden Städte in Afrika, Asien und Lateinamerika, und dass sie erst im Laufe der Jahrhunderte zu dem geworden sind, was sie heute sind.

Augsburg, eine Stadt als Museum

Unsere Zeit wird von der Museumskultur bestimmt. »Haben Sie schon diese Ausstellung gesehen?«, so begrüßen sich Bekannte. »Ja, es war beeindruckend, diese Bilder wieder in einer großen Ausstellung sehen zu können.« Das Gespräch bricht dann schnell ab, weil sich schwer über ein Bild reden lässt, das allen Gesprächspartner gefallen hat. Doch so sind nun  mal die Geschmacksrichtungen und das ist gut so, weil die Welt und die Kunst vielfältig sind. Bereits ein gängiges Sprichwort besagt: »Über Geschmack lässt sich trefflich streiten.«

Genauso so unterschiedlich können die Berichte über einen Stadtbesuch sein. Jeder betont seine Sichtweise und seine gesammelten Eindrücke. So erzählte mir ein Studienkollege: »Ja, ich war wieder in Leipzig. Die Stadt ist eine große Baustelle. Nachts passieren in den schwach beleuchteten Straße an den Baustellen die meisten Unfälle. Die Fußgänger meinen, auf der Straße gehen zu können, weil sie diese als eine Baustelle ansehen. Doch sie ist eine Autostraße und die Autofahrer erkennen meistens die Fußgänger zu spät.« Gewiss ist dieser Eindruck erzählenswert. Aber er enthält kaum Wesentliches über die Geschichte und die Bewohner der Stadt, außer, dass sie unvorsichtig sind.

Auf die Frage »Welches Museum haben Sie denn besucht?« wurde der Gesprächspartner lebendig: »Ja, die Leipziger schimpfen über ihr neues Gemäldemuseum. Dieser Kasten passt nicht zum Sachsenplatz und seinem Ensemble, obwohl das Museum eine ausgezeichnete Gemäldesammlung und Skulpturen und Zeichnungen von Max Klinger enthält. Doch keiner besucht es, sondern jeder schimpft über seine hässliche Architektur.« – Ich fragte: »Haben Sie die gegenwärtige Leipziger Malschule wahrgenommen? Denn deren Bilder lohnen sich zu kaufen.« – Seine Antwort »Nein« machte mir klar, dass die Tageszeitungen mehr über Leipzig bekannt geben, als Besucher wie auch Bewohner erfahren und wissen.

Durch Besuche und Besichtigungen wird die Erinnerungs- und Gedächtniskultur wieder lebendig. Jede Stadt feiert ihr Gründungsjubiläum, ihre geschichtlichen Ereignisse und zeigt ihre Bedeutung. Ein Jubiläum bringt Geld in die Stadt und schafft ein neues Identitätsgefühl seiner Bewohner: »Wir sind wer.« Ja, Jubiläen lassen manches Bauvorhaben wie auch Verschönerungsarbeiten schneller verwirklichen und ausführen.

Städte sind Orte des Zusammenlebens und der Kultur. Sie haben sich manchmal selbst gegründet, so etwa an alten Handelsstraßenkreuzungen, an Flussübergängen, wie Frankfurt am Main, oder sie wurden durch berühmte Herrscher gegründet, die sich einen Namen machen wollten, wie Alexander der Große mit Alexandrien und Kaiser Augustus mit Augsburg. Meistens haben diese Städte einen Platz als Stadtkern, der durch zwei große Straßen, die wie Längsachsen die Stadtmitte durchkreuzen und in die vier Himmelrichtungen weisen, verbunden ist.

Die Geschichte einer neu errichteten Stadt ist schnell erzählt. Im Schutz der Stadtmauern, Wassergräben und Wälle können Mensch und Vieh sicher leben. Natürlich muss die Luft in einer solchen Stadt schlecht sein, obwohl immer wieder gesagt wurde: »Stadtluft macht frei.« Doch dieser Satz ist nur im übertragenen Sinn zu verstehen. In die Stadt zogen Handwerker und junges Bauernvolk, um ihre Lebensvorstellungen unabhängig von Grafen und Fürsten zu verwirklichen. Denn in der Stadt war jeder, vorausgesetzt er hatte Geld oder er verstand ein Handwerk, kein Diener oder Knecht, sondern sein eigener Herr. Natürlich hatte man Verpflichtungen gegenüber dem Gemeinwohl der Stadt. Gerade dieses Wissen schweißt noch heute die Stadtbewohner zusammen.

Städte sind etwas Lebendiges, ja, ein lebendiger Organismus. Andererseits können Stadtgemeinschaften sehr kleinkariert denken, was sich in dem Satz äußert: »Wir wollen keine Veränderung.« Erst Fremde, die Geld haben und in die Stadtgemeinschaft aufgenommen werden, setzen Veränderungen durch. Ohne Geld und ohne Ideen geschehen keine Veränderungen.

Fremde brachten neue Industrie und neue Gewerbezweige nach Augsburg und damit wirtschaftlichen Aufschwung. Dies zwang den Rat der Stadt Augsburg zum Bau einer zweiten Stadtmauer, um sich gegen fremde Heere verteidigen zu können. Wegen der Verteidigung wurden auch die Stadtstraßen nicht so breit gebaut, gerade so, dass zwei Fuhrwerke aneinander vorbei kamen. Deshalb sind heute diese Straßen der Innenstadt für den Autoverkehr ungeeignet. Seit den 60er Jahren des 20. Jahrhunderts wurden nach dem Vorbild Bolognas fast alle Innenstadtstraßen als Fußgängerzonen ausgewiesen. Bis 1800 gab es kaum einschneidende Stadtveränderungen. Erst nach den napoleonischen Kriegen wurden die starken Stadtmauern und Befestigungsanlagen abgetragen, weil sie sich als unwirksam erwiesen, und ihr Gelände wurde zu Parkanlagen ausgebaut. Die Angst vor fremden Heeren wurde durch den Verfassungsstaat beseitigt. Durch Verordnungen und Gesetze wurde die Freiheit sicherer gemacht. Der neue Zeitgeist der Verfassung und die aufkommende Industrialisierung forderten die Stadtbewohner auf, auf die neue Zeit einzugehen und sich zu verändern. Solange sich die Stadtgemeinschaft als lebendiger Organismus versteht, kann sie dies bewerkstelligen.

Die Stadt erscheint als ein uralter Menschheitstraum. Sie ist Ort der Gemeinschaft und doch Freiraum für den Einzelnen. Sie ist Ort des politischen und kulturellen Geschehens. Die Meinungen über Städte pendeln zwischen zwei Ansichten hin und her. Gerade Propheten und Kritiker sahen die Stadt als Ort aller Laster und Gefährdungen des Menschen. Das urgeschichtliche Babylon wurde das Symbol für die negativen Seiten einer Stadt. Deshalb erblickten viele Intellektuelle des 19. Jahrhunderts die Stadt als einen Moloch, der, wie aus der Religionsgeschichte bekannt ist, die Menschen frisst. Gewiss, sie hatten nicht unrecht mit dieser Beschreibung. Heute erscheinen die Städte in den Augen der Intellektuellen des 20. Jahrhunderts nicht mehr nur menschenfeindlich zu sein, sondern auch menschfreundlich. Ziel jeder Stadt ist es, das himmlische Jerusalem zu werden, wie es in der Offenbarung des Johannes im 21. Kapitel beschrieben wird. Diese Zielvorstellung bestimmte das menschliche Handeln und Denken in der Geschichte.

Augsburg gehört zu den ältesten Städten Deutschlands. Es soll im Jahre 15 vor Christus gegründet worden sein. Vom Mittelalter bis 1800 hatte Augsburg 27 000 Einwohner, 1900 bereits 100 000 und 1962 stieg die Zahl auf 210 000. Für so viele Menschen hat die Stadtverwaltung Sorge zu tragen. Ja, sie hat sich auch Gedanken über ihre Stadtgestaltung zu machen. Dies geschah vor allem nach der furchtbaren Zerstörung der Innenstadt während des II. Weltkriegs. Die Frage stellte sich, ob der historische Kern der Altstadt wiederaufgebaut werden sollte. Der Umgang mit dem Erbe der Vergangenheit wurde so entschieden, dass nur die markanten alten Häuser wieder errichtet werden sollten und dass moderne Kaufhäuser mit ihren großen Gebäuden in die Innenstadt ziehen mögen. Der Gedanke war, die Innenstädte als Kaufzentrum zu gestalten. Durch Zählungen wurde festgestellt, dass ca. 150 000 Menschen tagsüber die Innenstadt aufsuchten. Doch am Abend erschien das Herz der Stadt öd und menschenleer.

Die Innenstadt wird nur noch von wenigen Familien bewohnt. Dagegen zeigen die vielen großen Kirchen und Patrizierhäuser im Stadtkern die Selbstdarstellung des bürgerlichen Reichtums, der mit dem der Adeligen wetteiferte, an. Die Innenstadtstraßen sind eng und winkelig und entsprechen nicht mehr den heutigen Verkehrsverhältnissen. Deshalb dürfen nur noch Straßenbahnen und Busse durch die Altstadt fahren und die Zulieferung mit Autos zu den Kaufhäusern muss bis 10 Uhr abgeschlossen sein.

Bei einem meiner ersten Besuche Augsburgs erschien mir die Innenstadt wie ein Museum. Vom Bahnhof führt die Straße zum mächtigen Renaissance-Rathaus, das Elias Holl während des Dreißigjährigen Krieges (1618–1648) erbaute. Es ist Selbstrepräsentation der einst reichen Stadt. Es waren keine Könige, noch Kaiser, noch reiche Kaufleute, noch Bischöfe, die diesen Bau initiiert haben. Vielmehr war es der Magistrat der Stadt, der seinen Stadtbaumeister Elias Holl mit dem Bau beauftragte, nachdem er in Italien den neuen Baustil kennengelernt hatte. Er sollte den der Gotik ablösen. Bemerkenswert sind heute noch die Gedanken des damaligen Magistrats, dass eine neue Zeit einen neuen Stil benötige. Damit hat Augsburg bis heute dank seines Baumeisters Elias Holl das Gesicht einer Renaissancestadt, die im Süden von den beiden gotischen St.-Ulrichs-Kirchen und dem romanisch-gotischen Dom im Norden eingerahmt wird. Die Baustile der Romanik, der Gotik, des Barocks und der Moderne ergeben trotz ihrer Verschiedenheit ein harmonisches Stadtbild.

Augsburg hat seinen Namen vom römischen Kaiser Augustus, der das römische Weltreich ausbaute und durch seine Feldherren den Stamm der Vindilicier am Zusammenfluss von Lech und Wertach besiegte. Das römische Kastell mit seinen Bauten, um 15 vor Chr. errichtet, erhielt den Namen des Kaisers Augustus wie viele andere Städte. Doch um sie von anderen gleichen Namens zu unterscheiden, bekam sie den jeweiligen Namen des Volksstammes beigefügt, so Augusta Vindilicorum. Römische Städte wurden praktisch gebaut und sind an typischen Kennzeichen noch heute zu erkennen. Da war der Marktplatz, das Forum, mit seinem Verwaltungsgebäude, der Tempel der römischen Götter, die Garnisonshäuser für die Legionäre, die Häuser der Vornehmen und die Badeanlagen. Im Sommer wohnten die reichen Römer außerhalb des Kastells im heutigen Leitershofen und Stadtbergen in ihren schönen Villen. Römische Funde berichten von ihrem Lebensstil. Die Römer erkannten Augsburg als einen wichtigen Verkehrsknotenpunkt und bauten ihn somit auch zu einem wichtigen Handelszentrum aus. Aus der Römerzeit ist als wichtige Straße die Via Claudia übrig geblieben, die nach Rom führte, an der noch heute einige römische Meilensteine zu sehen sind und zahlreich römische Funde bei Ausgrabungen gemacht wurden, so dass die aufgelassene barockisierte Dominikanerkirche heute als ein römisches Museum genutzt werden konnte.

Nach der Völkerwanderung entwickelte sich die Stadt mehr nach dem Süden in Richtung des außerhalb des Kastells liegenden römischen Friedhofs, wo sich jetzt die beiden Ulrichs-Kirchen erheben. Dort errichtete sich im siebten Jahrhundert der Eremit Gallus eine Kapelle, die noch heute zu sehen ist, und dann im zehnten Jahrhundert bauten sich die Benediktiner ein Kloster, das 1806 aufgelöst wurde. An seiner Stelle steht heute als Betonklotz die katholische St.-Ulrichs-Akademie.

Vor dem Rathaus befindet sich seit 1594 der Augustusbrunnen, auf dessen Ecken die vier sitzenden Figuren an die Flüsse von Augsburg erinnern: Der Lech ist als ein bärtiger Mann mit Tannenzweigen im Haar dargestellt, die Wertach hält Ähren in der Hand und hat sich einige davon ins Haar gesteckt, der Brunnenbach hat sich als Fischer mit einem Eichenkranz geschmückt, die Singold trägt in ihren Armen das Füllhorn mit verschiedenen Früchten. Kaiser Augustus ist mit Brustpanzer, Waffenrock und Schwert angetan und hält zum Gruß ausgestreckt die Hand, wie einst in Rom bei Abnahme der Truppenparaden. Der mit Kopfsteinpflasterverzierungen versehene Rathausplatz wird umrahmt von der ehemaligen Börse, in der jetzt die Verwaltung der Stadt untergebracht ist. Im Halbrund stehen die Geschäftshäuser und Cafés. Es lohnt sich, ein Kännchen Kaffee im Straßencafé einzunehmen und über die symmetrisch angelegte Fassade des Rathauses zu meditieren, neben der sich der Perlachturm erhebt, auf dessen Turmspitze das Bild der bösen Göttin Cisa als Blechwimpel angebracht ist. Die Vorstellung des Abwehrzaubers wird in diesem Wimpel deutlich, dass sich durch den Anblick des Bösen das Böse im Menschen besiegen lässt. Der Perlachturm scheint auf den ersten Blick ein freistehender Campanile zu sein, von dessen Plattform unterhalb der Helmhaube aus ein weiter Rundblick ins Land hinaus möglich ist. Doch er ist der Glockenturm der kleinen St.-Peters-Kirche und Ort für das städtische Glockenspiel, das täglich um 12 und 18 Uhr zu hören ist. Am Michaelistag, dem 29. September, tritt aus dem in den Stadtfarben Weiß, Rot, Grün geschmückten unteren Turmfenster der Erzengel St. Michael heraus und sticht mit seiner Lanze auf den unter ihm liegenden Drachen, Symbol des Teufels, ein. St. Michael ist nun einmal der Drachentöter, und das ist gut so. Im Schwäbischen heißt der St. Michael des Perlachturms liebevoll »'s Turamichele« und wird am 29. September stündlich von einer großen Schar von Jung und Alt bei seinem Kampf beobachtet.

Am Rathaus zieht von Norden nach Süden die große Straße vorbei, die nach dem Süden Maximilianstraße heißt. Sie erinnert an Kaiser Maximilian I. (1519), der sich so wohl in Augsburg fühlte, dass er jahrelang von Augsburg aus sein Reich regierte, so dass er der ›Bürgermeister von Augsburg‹ genannt wurde. Wahrscheinlich blieb er wegen der reichen Fugger, vor allem wegen Jakob dem Reichen, in der Stadt, der sein Geldgeber war. Die Familie der Fugger stammte aus Graben im Lechfeld. Um 1367 ist Hans Fugger als Webergesell nach Augsburg gekommen und hat hier durch die Weberei sein Geld gemacht. Innerhalb von vier Generationen hatte es die Familie zu Ansehen und Reichtum gebracht und wurde gefürstet. Mit dem spanischen Desaster in Lateinamerika im 17. Jahrhundert verloren die Fugger ihr gut gehendes reiches Bankgeschäft und wurden Landadelige. Erst nach dem II. Weltkrieg richteten sie wieder ein Bankhaus in dem Fuggerpalais in der Maximilianstraße ein. Das große Fuggerhaus war Wohnhaus der Fugger und Schauplatz der Unterredung zwischen dem Reformator Martin Luther und Kardinal Cajetan im Oktober 1519. Nach diesem Dialog, der zu keiner Einigung führte, spaltete sich die westliche Christenheit in katholische und protestantische Religionsgemeinschaften.

Vor dem Weberhaus am Moritzplatz steht der 1599 errichtete Merkurbrunnen. Er ist eine Huldigung der Augsburger Kaufleute an den Gott des Handels, der ihnen Glück bringen soll. Trotz der vielen christlichen Kirchen in der Stadt hat sich auch in Augsburg das Heidentum festgesetzt. Zwar sagen die Augsburger gern zur Abwehr des Heidentums: »Auch in Augsburg herrscht Christus«. Doch in ihren Gedanken halten sie noch immer an dem Handelsgott Merkur fest, der auch im Deckenfresko des Spiegelsaales des Schaezler-Palais in der Maximilianstraße im Mittelpunkt steht.

Weiter straßenaufwärts befindet sich der 1602 aufgestellte mächtige Herkulesbrunnen. Er zeigt, wie der muskulöse Riese Herkules mit einer Keule auf eine siebenköpfige Schlange einschlägt. Augsburg weiß aufgrund seiner Geschichte um den Kampf gegen den Feind und das Böse. Ihm gegenüber befindet sich das Steigenberger Hotel »Drei Mohren«, das vornehmste Hotel in Augsburg. Ihm schließt sich an das Schaezlerpalais, ein barocker Repräsentationsbau einer einst reichen Bankiersfamilie. Das große, mit Schnitzwerken verzierte Flügeltor war einst die Einfahrt der herrschaftlichen Kutschen. Der Eingang gewährt einen Einblick in den großen Garten mit seinen verschiedenen Bäumen. Dieses Ensemble von Haus und Garten, deren es viele in Augsburgs Innenstadt gibt, ist Ausdruck der Wohnkultur und des Lebensstils der Reichen gewesen. Im Schaezlerpalais spielte der junge Mozart vor einem erlauchten Publikum, und im Spiegelsaal tanzte Marie Antoinette auf ihrer Brautfahrt nach Paris. Heute beherbergt dieses barocke Palais eine ausgewählte Gemäldegalerie deutscher Barockkünstler. Die Stadt hat somit dem alten Gebäude einen neuen Zweck und Sinn gegeben.

Aus den Gassen, die zur Maximilianstraße führen, lugt das große Areal der Hasenbrauerei. Die Stadt hat mehrere große Brauereien, die alle im Volksmund durch einen Reim charakterisiert werden. So lautet der für die Hasenbrauerei mit ihrem laufenden Hasen als Symbol: »Hasen macht rasend«. Augsburg zeigt sich auch als eine Bierstadt; deren Bier scheint den langsamen behäbigen Charakter der Augsburger bestimmt zu haben. Ich kehrte ins »Hasenbräustüberl« ein und bestelle mir ein typisches schwäbisches Gericht, »Kässpätzle«, und ein Helles Hasenbräubier. Ich kam mit dem Wirt kurz ins Gespräch. »Ja, heute sehen Sie noch die Hasenbrauerei. Morgen wird sie schon abgerissen. Die Tendenz besteht, die große Brauerei abzureißen und an den Stadtrand zu verlegen. Hier sollen dann neue Wohneinheiten gebaut werden, damit Menschen und vor allem junge Familien mit Kindern in die Innenstadt ziehen können.« – »Dies wird in jeder Großstadt angezielt«, entgegnete ich ihm. – »Dann wird auch das Hasenbräustüberl verschwinden«, antwortet er mir. – »Die Stadt muss sich verändern, wenn sie in der Innenstadt lebendig bleiben will«, setzte ich das Gespräch fort. Er antwortete nicht mehr, sondern ging in die Küche. Gewiss, meinte ich zu mir selbst, jede Sache hat zwei Seiten. Ich zahlte. Die Kellnerin sagte zu mir: »Schauen Sie sich ruhig Augsburg an. Es ist eine schöne Stadt.«

Ich ging auf der Maximilianstraße weiter. Der Weg führte an der »Welser Kuchel« vorbei, wo noch das zünftige Schmausen und Schmatzen der mittelalterlichen Speisen möglich ist. Die im Kellergeschoss befindlichen Gaststuben erinnern an das berühmte Seefahrer-Geschlecht der Welser aus Augsburg, die Venezuela entdeckten und für kurze Zeit als Kolonie innehatten. Der Name des lateinamerikanischen Staates Venezuela verweist noch auf die Welser. Verständlich, dass die reichen Adelsgeschlechter der Fugger und Welser ihre Macht gegenüber der spanischen Nation nicht behaupten konnten. Das damalige Römische Reich Deutscher Nation hatte kein Interesse an Überseekolonien und konnte die Eigeninitiative der reichen Handelsgeschlechter nicht unterstützen.

Das kleine Afra-Gässchen, eine Seitenstraße der Maximilianstraße, weckte die längst vergangene Frühgeschichte Augsburgs. Afra war die erste Christin, die zunächst als Liebesdienerin viele

Reisende, Kaufleute und Soldaten empfing und auch zwei Männer, die durch ihr gesittetes Benehmen und ihre eifrigen Gebetsübungen auffielen. Durch sie wurde sie Christin, versammelte des Öfteren die Christengemeinde Augsburgs in ihrem Haus und wurde während der Christenverfolgung um 304 wegen ihres standhaften Bekennens zum Feuertod verurteilt. Weil ihr Leib nicht durch die Flammen verbrannte, ließen sich wegen dieses Wunders viele Männer und Frauen taufen. An ihrer Grabstätte auf dem jetzigen Ulrichsberg wollten viele Fromme beerdigt werden. Aus diesem Grund wurde eine Kirche errichtet, die im Mittelalter auch als Grablege der Fugger diente. Heute stehen zwei Kirchen aus der Zeit der Gotik über ihrem Grab und dem des heiligen Ulrichs. Es ist die katholische St.-Afra-und-Ulrichs-Basilika und die evangelische Ulrichskirche. Sie symbolisieren durch ihr Ineinandergebautsein die Ökumene von evangelischer und katholischer Kirche. Sie sind ein in die Zukunft weisendes Zeichen der einst kommenden religiösen Einheit.

Am Fuße des Milchbergs, der vom Ulrichsberg hinab nach dem Osten der Stadt führt, ist nach Süden das Rote Tor zu sehen. Der Weg führt am Rabenbad vorbei. Es ist heute eine Sammelunterkunft für obdachlose Männer und Frauen. Sein Name erinnert aber an das ehemalige Rabbinerbad aus dem 13. Jahrhundert. Im Mittelalter gab es in Augsburg eine große jüdische Gemeinde, die durch die mittelalterlichen Pogrome verschwunden ist. Erst um 1800 durften sich Juden wieder in Augsburg ansiedeln. Eigentlich nur deshalb, weil die auswärtigen Juden in Pfersee, heute ein Ortsteil im Westen Augsburgs, noch als einzige bereit waren, der hochverschuldeten Stadt Augsburg Geld zu leihen.

Das Rabenbadgebäude ist in einen riesengroßen Baukomplex eingebunden, den der berühmte Renaissancebaumeister Elias Holl mit der Kirche Zum Heiligen Geist um einen großen Innenhof mit Arkadengängen gebaut hat. Heute befindet sich die berühmte Augsburger Puppenkiste mit ihrer Bühne und ihrem Zuschauerraum im eigentlichen Kirchenschiff der Kirche zum Heiligen Geist, die einst die Spitalkirche der Stadt mit Räumen war und Kranke und Arme aufnahm. Die nun auf den Chorraum verkleinerte Kirche mit dem typischen Elias-Holl-Turm wie bei der St.-Anna-Kirche wird heute noch von der evangelischen Kirche St. Ulrich, von der alt-katholischen – und der anglikanischen Kirche zu Gottesdiensten genutzt. Der nach Osten gebaute Gebäudeflügel enthält heute Seniorenappartements. Der Kirche gegenüber erhebt sich der wuchtige viereckige Turm des Roten Tores, unter dem ein überbauter Lechkanal fließt. Er war einst ein Wasserturm, von dem aus bereits im 14. Jahrhundert versucht wurde, Wasserleitungen durch Augsburg zu legen. Über diese erste technische Leistung, die heute so selbstverständlich verwendet wird, kann nur gestaunt werden. Durch das Rote Tor führt der Weg nach Süden. Die ehemalige Befestigungsanlage bietet Raum für eine Freiluftbühne, auf der im Sommer Operetten und Theaterstücke aufgeführt werden. Im Winter bieten die Abhänge des Befestigungswalls, wenn genügend Schnee fällt, ein ideales Schlittenabfahrtsgelände. Vom Hügel der Roten Torwallanlage sieht man auf die ehemalige Augsburger Kattunfabrik. Augsburg ist durch die Textilindustrie seit dem Mittelalter reich geworden. Doch mit Ende des II. Weltkrieges wurde eine Textilfabrik nach der anderen geschlossen, weil in Asien billiger produziert wird. Die Stadt konzentriert sich seitdem wirtschaftlich auf die moderne Elektroindustrie und auf die Wissenschaft.

Eine seit der Reformation angedachte Universität wurde erst 1974 in Augsburg errichtet, die inzwischen einen guten Ruf genießt. Sie liegt zwischen Augsburg und Haunstetten. Der Name des Ortes erinnert an die Hunnen. 955 gewann im Süden

Augsburgs Kaiser Otto I. die Schlacht gegen die Awaren, die im Volksmund die Hunnen heißen. Der Augsburger Bischof Ulrich selbst nahm nicht an der Schlacht teil, sondern versuchte, die Stadt Augsburg durch organisierte Selbstverteidigung vor Verwüstungen zu bewahren.

Ein Spaziergang zur Jakober-Vorstadt entlang der Lechkanäle, die einst die Maschinen der mittelalterlichen Handwerksbetriebe antrieben, führt an dem Kloster Maria Stern und an der Barfüßerkirche vorbei. Hier entstand bereits 1221 eine der ersten Niederlassung der Franziskaner-Mönche nördlich der Alpen. Leider ist nur noch der Ostchor der einst größten barockisierten gotischen Hallenkirche Augsburgs erhalten, die 1944 während des II. Weltkrieges zerstört wurde. In ihr wurde der Dichter Bertolt Brecht (1898–1956) getauft und konfirmiert. Sein Geburtshaus in ihrer unmittelbaren Nähe, Am Rain Nr. 7, ist heute zu einem Brecht-Museum umgestaltet worden. »Es wird gerne besucht«, erklärt die freundliche Museumsführerin und fährt fort: »Die Brechts haben hier nur zwei Jahre gewohnt und sind dann in die Klaucke-Vorstadt ›An der Bleich‹ gezogen, weil es dort ruhiger ist und Brechts Vater als Angestellter der Haindlschen Papierfabrik eine der Werkswohnungen bekam. Es lohnt sich, sie aufzusuchen und auch den alten Wassergraben der ehemaligen Befestigungsanlage zu sehen, auf dem Brecht mit seinen Freunden und Freundinnen Kahn gefahren ist. Sie werden dann seine Liebesgedichte besser verstehen.«

Brecht wurde in der Jakober-Vorstadt, einer Arbeiterstadt Augsburgs, groß. An der St.-Jakobs-Kirche führt der Weg der Jakobspilger vorbei nach Santiago de Compostella. Auf dem Weg zum Jakobertor, einem massiven Bau mit spitzem Turm, liegt rechter Hand die Fuggerei, eine der ersten Sozialsiedlungen der Welt. Sie ist eine Stadt in der Stadt mit Stadtmauern und Toren und nach einem mathematischen Muster angelegt, mit Längs- und Querstraßen, und scheint eine Musterstadt zu sein. Die Häuserreihen, die gelb getüncht und mit grünen Fensterrahmen versehen sind, sind einstöckig und haben einen eigenen Treppenein- und aufgang für jede Wohnung. Damit wurde das soziale Verhalten der Menschen untereinander berücksichtigt; denn die meisten Konflikte zwischen den Menschen werden durch Kleinigkeiten hervorgerufen, so wie: Wer kehrt den Unrat vor der Haustür und Straße weg? Die Gründer der Stadt, Jakob Fugger der Reiche und seine Brüder, hatten das Verhalten der Menschen durch viele Verordnungen und Gesetze geregelt. Nach ihren Bestimmungen werden noch heute die Tore der Fuggerei für die Bewohner um sieben Uhr morgens geöffnet und um 22 Uhr abends geschlossen. Wer von den Bewohnern später in die Stadt will, muss eine Geldbuße zahlen. Es wird immer wieder von den Stadtführern behauptet, dass die Fugger wegen ihres schlechten Gewissens angesichts des großen Reichtums diese Stadt in der Stadt für die Armen erbaut hätten. Dem war nicht so. Die ca. 30 000 Einwohner zählende Stadt war wegen ihres Reichtums bekannt und wurde von vielen Bettlern aufgesucht. In manchen Jahren waren es 3 000 von ihnen. Aus diesem Grund wurde die jetzige Fuggerei als mögliche Resozialisierungsstadt gebaut. Das Leben der Bewohner war ausgerichtet nach »ora et labora« (= bete und arbeite).

In der eigens erbauten Markuskirche musste jeder Bewohner jeden Tag ein Ave-Maria und ein Vaterunser für die Fugger beten, und das gilt auch heute noch. In die Fuggerei durften nach Bestimmung der Fugger keine Bettler und Hausierer einziehen. Bewohnen durften die Stadt nur unverschuldete arm gewordene Handwerkerfamilien, die aufgrund der wirtschaftlichen Veränderungen pleite machten. Die Fugger-Familie gab ihnen durch die verbilligte Wohnung die Chance, wieder den wirtschaftlichen Aufstieg zu schaffen. Dadurch wurde der Fleiß der Bewohner angesprochen. Durch das billige Wohnen konnten sie sich finanziell festigen, um wieder selbständig werden zu können. Ja, einer der Vorfahren Mozarts, ein Maurermeister, wohnte mit seiner Familie einige Jahre in der Fuggerei.

Heute wohnen in der Fuggerei arme Rentner und Leute zu dem gleich gebliebenen Mietpreis seit der Gründung der Fuggerei. Er beträgt eineinhalb Rheinische Gulden. Das sind umgerechnet auf die heutigen Geldverhältnisse ca. zwei Euro. Es lohnt sich, eines dieser Häuser, das als Museum eingerichtet ist, zu besichtigen. Es sind drei Zimmer: Schlafzimmer, Küche und Wohnzimmer und eine Abstellkammer. Der Museumsführer war gesprächig und erzählte in der Schwäbischen Mundart mit seinen »sch-Lauten«, die in der Schriftsprache schwer wiederzugeben sind, die Geschichte der Fuggerei: »Ja, die Fuggerei ist damals eine gute Sache für verarmte Handwerker gewesen. Dem Fleißigen wurde eine Chance gegeben, sich wieder eine eigene Existenz aufzubauen. Die Menschen waren damals klüger als heute. Die Fugger appellierten an den Eigenwillen der Menschen. Das fehlt heute, denn mit Hartz IV wird bloß die Faulheit unterstützt.« Auf die Frage, wer denn heute in der Fuggerei wohne, antwortet er: »Es sind alte Arbeiterfamilien, die die enormen Wohnungspreise des Wohnungsmarktes wegen ihrer kleinen Rente nicht mehr bezahlen können. Sie werden aufgrund ihrer Anträge ausgewählt. Die Fugger sind auch heute ihrem Grundsatz treu geblieben, den unverschuldet in Not geratenen Arbeitern zu helfen.« Aufgrund ihrer Anlage mit den ockergelb angestrichenen Reihenhäusern und den grünen Fensterläden erscheint die Fuggerei als eine Märchenstadt aus einer fernen Welt mit einer interessanten wegweisenden Sozialidee. Nicht nur der Gemeinschaftsgedanke wird betont, sondern auch der der Eigeninitiative.

Der Weg an den Lechkanälen führte an einem Haus am »Unteren Graben« vorbei, in dem eine Steinplatte, eine Seitenwand eines römischen Sarkophags, eingelassen ist, die von den »Sieben Kindlein« aus der Römerzeit erzählt. Der Sage nach hatte eine römische Familie sieben Kinder, von denen eines in den Fluten des Lechs ertrank. Das Relief erinnert mit den spielenden und tanzenden Kindern an das Leben als Schicksalsspiel.

Ich marschierte weiter entlang der ehemaligen Stadtmauer, die im Volksmund die »Schwedenmauer« heißt und an die Belagerung und Eroberung Augsburgs durch die Schweden 1632 erinnert. Bertolt Brecht hat in seinem Jugenddrama »Die Bibel« dieses geschichtliche Ereignis ausgestaltet. In seinem Stück verhandelt er die Spannung zwischen rauer Wirklichkeit des Krieges und Glaubenshoffnung der notleidenden Bevölkerung. Von der Schwedenmauer ist auf die Industrie-Region Augsburgs zu sehen, die durch MAN, Maschinenfabrik Augsburg und Nürnberg, bestimmt wird. Die Wirtschafts- und Fabrikstandorte lagern sich wie ein Kranz um Augsburg und haben ihre jeweils spezifischen Schwerpunkte.

Die Augsburger Römerstadt wie auch die mittelalterliche Stadt ruhen auf einem Bergrücken im Zusammenfluss von Lech und Wertach. Auf dem Bergrücken sind die vielen Kirchen und Patrizierhäuser zu sehen, dagegen in den Flusstälern die Arbeitersiedlungen und Fabriken. Von den vielen Toren, die Augsburg einst hatte, sind nur noch einige erhalten, so das Frauentor im Norden mit der mittelalterlichen Befestigung, der Fischerbastei. Das reiche Augsburg musste sich vor den Bayernherzögen schützen, die immer wieder versuchten, die reiche freie Reichsstadt in ihr Territorium einzugemeinden, so wie sie es 1608 nach vollzogener Reichsacht mit Donauwörth machten und damit bereits die Lunte zum späteren Dreißigjährigen Krieg legten. Erst 1806 wurde Augsburg auf Beschluss des Preßburger Friedens dem Königreich Bayern zugeeignet. Die Augsburger haben dies den Münchnern nie verziehen. Aus diesem Grund werden die Scharmützel immer noch zwischen den Augsburger und Münchner Fußballfans bei den Ligaspielen ausgetragen. Von der Fischerbastei aus ist ein Blick auf Oberhausen, eine Arbeitervorstadt, mit ihren großen Textilfabriken möglich.

In Augsburg kann von einer Ober- und Unterschicht im wahrsten Sinne des Wortes auch heute noch gesprochen werden. Der junge Bertolt Brecht, aus bürgerlichem Hause, spürte schon frühzeitig diese soziale Spannung. Er legte den weißen Hemdskragen als Bürgersohn ab und engagierte sich bereits während der Revolution nach dem I. Weltkrieg im Arbeiter- und Soldatenrat. In seinen Stücken verhandelte er diese Problematik und auch die neu anbrechende Zeit mit ihren auf sich gestellten Menschen. Dies brachte ihm die Missachtung durch das Augsburger Bürgertum ein. Fortan galt Brecht als ein »ungeratener Sohn seiner Heimatstadt«. Trotzdem werden Brechts Werke im Augsburger Stadttheater immer wieder gespielt, und das bürgerliche Publikum findet Gefallen an seiner »Dreigroschenoper«. Ja, es wurde sogar ein Brecht-Preis von der Stadt Augsburg für den besten gegenwärtigen deutschsprachigen Dichter ausgelobt, der alle zwei Jahre in Form eines Schecks von 15 000 Euro durch den Oberbürgermeister der Stadt im Goldenen Saal des Rathauses übergeben wird. Dennoch bleibt das Verhältnis der Augsburger zu Bertolt Brecht weiter distanziert ambivalent. Sie mögen Mozart und betonen immer wieder, dass seine Vorfahren einmal in Augsburg lebten. Das Mozart-Museum befindet sich in der Frauentorstraße – vom Frauentor zum Dom – und enthält eine beachtliche Sammlung an Instrumenten, Partituren und Mobiliar aus der Mozart-Zeit. Immer wieder werden die Briefe Mozarts an seine Nichte »das Bäsle« vorgetragen. In der Augsburger Musikhochschule finden jährliche Musikwettbewerbe junger Künstler zu Ehren Mozarts statt.

Am mächtigen, fast über hundert Meter langen romanisch-gotischen Dom mit seinen zwei spitzen Türmen sind besonders sehenswert die Glasfenster der biblischen Prophetengestalten aus dem 11. Jahrhundert und seine bronzenen großen Flügeltüren mit den biblischen Motiven, angefangen von der Schöpfung bis zum Jüngsten Gericht. Vor dem Dom gegenüber dem bischöflichen Palais stehen auf einem Sockel die drei Stadtheiligen: St. Afra am brennenden Pfahl, St. Ulrich mit Kreuz auf einem Pferd und St. Simpert mit Wolf. Sie alle haben in der Geschichte und im Leben der Stadt eine Rolle gespielt.

Hinter dem Dom befindet sich der Fronhof. »Fron« ist das alte deutsche Wort für ›Herr‹. Er steht im Rechteck der einstigen Residenz des Erzbischofs Wenzeslaus, die heute Sitz des Regierungsbezirks Schwaben ist. Kirchengeschichtlich wichtig ist der Saal des Gebäudekomplexes, in dem 1530 vor Kaiser und Reich die Confessio Augustana, das Bekenntnis der Reformatoren von Philipp Melanchthon verfasst, verlesen und von Kaiser Karl V. angenommen wurde. Damit konnte sich die Reformation ohne politische Behinderung im Heiligen Römischen Reich Deutscher Nation ausbreiten. Große Teile Norddeutschlands und weite Teile Süddeutschlands wurden evangelisch und sind es noch heute. Lediglich die bayerischen Stammlande blieben durch das strenge Regiment der Wittelsbacher katholisch.

Augsburg war seit der Reformation bis 1806 zu 66 % evangelisch. Durch den Zuzug im 19. Jahrhundert aus dem katholischen Umland verschob sich das Verhältnis zwischen Evangelischen und Katholischen, so dass nur noch 21 % der Bevölkerung evangelisch sind. Von den Münchnern wird Augsburg immer noch als evangelische Stadt angesehen. Seit der Reformation haben die Evangelischen sechs Innenstadtkirchen: St. Jakob, Zu den Barfüßern, Kirche zum Heiligen Geist, St. Ulrich, St. Anna und Heilig Kreuz. Von weitreichender Bedeutung ist der 1555 geschlossene Augsburgerische Religionsfriede, der ein friedliches Zusammenleben der Religionsgemeinschaften in der Stadt und im Deutsch Reich ermöglichte. In Erinnerung an diesen auf der Welt einmaligen Religionsfrieden verleihen die beiden Kirchen mit der Stadt alle zwei Jahre den Augsburgschen Religionsfriedenspreis an Männer und Frauen aus Politik und Öffentlichkeit, die sich für den Frieden unter den Religionen eingesetzt haben. Bewusst gelebt wurde der Religionsfriede erst nach dem Dreißigjährigen Krieg mit dem Beschluss des Westfälischen Friedens von 1648, der den paritätischen Frieden in konfessionell gemischten Städten beinhaltete. Darunter ist zu verstehen, dass bis 1806 in Augsburg und anderswo um des lieben Friedens willen alle Ämter und Stellen der Stadt doppelt besetzt wurden, mit einem evangelischen und einem katholischen Bürger. Nur so war ein friedliches Miteinander möglich. Jedes Jahr wird seitdem am 8. August, der für die Stadt Augsburg ein gesetzlicher Feiertag ist, das Hohe Friedensfest festlich und kirchlich begangen. Die Kinder erhalten nach alter Tradition einen Friedenswecken und ein Friedensgemälde.

Mittelpunkt des evangelischen Religionswesens ist die St.-Anna-Kirche in der Annastraße, in der die alten Patrizierhäuser der Fugger und Welser standen. Martin Luther hatte im Kloster der Augustiner Eremiten zu St. Anna während seines Augsburger Aufenthaltes 1519 gewohnt. Die Lutherstiege in der St.-Anna-Kirche gewährt einen Einblick in die Geschichte der Reformation und des evangelischen Kirchenwesens. Im Annahof steht das ehemalige Gebäude des St.-Anna-Gymnasiums seit 1531, das später auch der Stadtbaumeister Elias Holl umgebaut hatte. Der Stadtmarkt hinter der St.-Anna-Kirche war während des Dreißigjährigen Krieges die Predigtstätte der Evangelischen, als auf Beschluss Kaiser Ferdinands II. 1629 den Evangelischen die Kirchen genommen wurden, die sie erst wieder durch den Westfälischen Frieden 1650 zurück erhielten.

Natürlich lohnt es sich, einen Spaziergang durch die Bürgermeister-Fischer-Straße mit ihren Kaufhäusern zu unternehmen und am Merkurbrunnen in einem der Straßencafés ein Kännchen Kaffee mit einem oder zwei Pflaumenkuchen zu genießen, den die Augsburger liebevoll »Pflaumendatschi« nennen. Beim Bürgerfest im Juni sind hier mittelalterliche Stände aufgebaut und Essensküchen eingerichtet und Tische und Bänke aufgestellt, um die köstlichen Mahlzeiten zu verspeisen. Die Augsburger kleiden sich in die mittelalterliche Tracht und die Schönen Augsburgs tragen goldbestickte bunte lange Gewänder. Die reiche Zeit des ausgehenden Mittelalters wird wieder lebendig und manche Augsburger wünschen sie sich zurück: »Da waren wir noch wer«.

Der Weg zum Bahnhof – nach Brecht »ist das Schönste an Augsburg die D-Zug-Fahrkarte nach München« – ist über die Halder-Straße mit seinen großen Bankgebäuden zu nehmen. In dieser Straße befindet sich eine jüdische Synagoge im maurischen Jugendstil, die um 1900 errichtet wurde. Sie ist stilvoll restauriert worden. Ihr innerer Kultraum ist blau ausgemalt und mit Sternen besetzt und lässt den goldbestickten Toravorhang mit den beiden siebenarmigen Leuchtern hervortreten. Das gelb angestrichene Synagogengebäude wurde während der Kristallnacht 1938 nicht geplündert und überstand die verheerenden Bombenangriffe auf Augsburg 1945. Heute leben in Augsburg und Schwaben um die 1 000 Juden.

Der schön hergerichtete Bahnhofsplatz lädt ein, nochmals eine Tasse Kaffee zu trinken und die geschaute Geschichte Augsburgs am inneren Auge passieren zu lassen, um dann den Zug in die jeweilige Bestimmungsrichtung zu nehmen. Wie gesagt steht und fällt eine Stadt mit dem Geist, der sie beherrscht.

Die Polis in der Antike und die Cité in der Bürgerzeit waren Städte, in denen die Besitzhabenden über das Wohlergehen ihrer Bürger zu verhandeln hatten. Es wurde über das Gesundheitswesen, das Verkehrswesen, das Wohnwesen, die Verwaltung, die Gesetze und die Verordnungen, die Versorgung der Armen und über den Handel und die Wirtschaft gemeinsam beratschlagt, um das Beste für das Gemeinwohl zu erreichen. Diese Themenbereiche sind auch heute von jeder Stadtverwaltung abzuarbeiten. Das überkommene Alte ist zu bewahren, soweit es in die Zukunft weist und neues Leben ermöglicht. Darin bestehen die Kunst und die Kultur einer Stadt. Rat und Bevölkerung haben gemeinsam zum Wohle der Stadt zu wirken.

Pamplona – und seine Stiere

»Warum reisen Sie so gerne nach Pamplona?« – »Mich zieht es dorthin«, ist meine Antwort, die aber meine Bekannten nicht zufriedenstellt. Natürlich wird ab und an bemerkt: »Du hast dort eine Freundin, eine feurige Spanierin.« Ich stelle dies richtig, dass ich eigentlich wegen einer alle zwei Jahre wiederkehrenden Tagung nach Pamplona fliege, um dort gute, anregende und weiterführende Gespräche über Literatur zu hören und zu führen. Ich halte dort selbst Seminare, denn ich möchte das Wechselverhältnis von Literatur und europäischer Gesellschaft aufzeigen. Ich stelle fest, der Gedankenaustausch mit Spaniern, Franzosen, Engländern und Italienern weitet enge Vorstellungswelten und hilft, die Literaturtendenzen in den jeweiligen Ländern besser zu begreifen. Die Bekannten belächeln mich, freuen sich aber über die Erlebnisse, die ich ihnen aus Pamplona erzähle.

Ich selbst frage mich: »Wie kamst du auf Pamplona?« Gewiss, ein Grund ist der Kongress und sein Thema. Doch es muss auch noch andere Ursachen geben. Vielleicht herrscht eine Wesensverwandtschaft zwischen mir und Pamplona vor, genauso wie zwischen zwei Menschen, die sich unter den vielen Menschen treffen und plötzlich erkennen, dass sie zusammengehören. Ich will nicht auf mystische Spekulationen verfallen, wie ich sie bei einigen Autoren gelesen habe, die meinen, dass die einst dort begrabenen Ahnen einen wieder rufen. Solch animistisches Denken will ich in unserem technischen Zeitalter nicht abstreiten. Es kann schon sein, dass uns mehr Kräfte beeinflussen, als wir erahnen.

Die Sehnsucht, in ferne Länder zu reisen, meine ich, wird durch Lektüre geweckt. Es ist ein unergründliches Geheimnis unseres Verstandes, wie er in Bildern denkt. Ja, dass er die aus Buchstaben geformten Worte in anschauliches Material umsetzen kann. Diese Wechselbeziehung zwischen Wort und Bild treibt menschliches Wollen an. Naturforscher erzählen, dass ihre Phantasie durch Reisebeschreibungen wachgerufen wurde und diese auch ihre spätere Berufswahl bestimmt haben. Von Italienreisenden höre ich Ähnliches: dass die Urlaubserzählung ihrer Verwandten ihre Einbildungskraft für Italien erschlossen haben, so dass sie sich seitdem jedes Jahr zum Urlaubmachen dorthin hingezogen fühlen. Johann Wolfgang von Goethe wusste um diese heimliche Sehnsucht: »Kennst du das Land, dort wo die Zitronen blühen …«

Ich suche in meiner Erinnerung nach ähnlich prägenden Eindrücken. Ja, während der Schulzeit habe ich oft Bildbände über Spanien betrachtet und dann Ernest Hemingways faszinierende Bücher über Spanien verschlungen. In meiner Phantasie setzte ich die beschriebenen Romanszenen aus »Fiesta« in Bilder um. Anschaulich stellte ich mir seine Schilderungen der Stierkampfarena von Pamplona und das Treiben der Toreros mit ihren Mannschaften und sein Leben in den Bars um die Plaza del Castillo vor. Ja, diese Stierkampfbilder mit den für Spanien typischen Farben von orangerot und sonnengelb arbeiteten in meinem Unterbewussten und verlangten nach Realisierung. Gewiss wurde diese Sehnsucht durch andere Ereignisse verdrängt. Doch sie blieb lebendig.

Als ich von der Kongressleitung die Tagungszusage nach Pamplona erhielt, begann ich mich auf die Reise und vor allem auf Pamplona und seine Geschichte vorzubereiten. Pamplona hat seinen Namen von dem römischen Staatsmann Pompeius (108–48 v.Chr.), der 74/75 die iberischen Stämme besiegte. 778 n.Chr. zerstörte Karl der Große im Kampf gegen die arabischen Heere die Stadtwälle Pamplonas. König Carlos III. einte 1423 die verfeindeten Siedlungen der Franken und der Iberer von Navarra zur Stadt Pamplona und erhob sie zur Hauptstadt der Region Navarra. 1903 setzte Pamplona durch eine Demonstration, bekannt durch den Namen Gamazada, sein bis heute gültiges Steuergesetz durch. Pamplona zeigte sich mir durch seine Geschichte als interessante und selbstbewusste Stadt. Ich prägte mir die Bilder von Pamplonas Häusern, Kirchen, Gassen und der Arena ein. Ich stellte mir die mittelalterliche Stadt im Talkessel, umragt von waldbedeckten Gebirgszügen mit seinem berühmten Berg San Cristobal, vor, wie auch die um sie lagernden modernen Trabantenstädte mit ihren typischen Hochhäusern. Die Altstadt erstand in meiner Bilderwelt als enge Häuseransammlung, aus der sich die Kirchen und die Kathedrale erhoben. In den halbdunklen engen Gassen konnte ich mir die erleuchteten Cafés und Restaurants, in denen ein guter Wein ausgeschenkt wurde und es das typische spanische Essen »paella« gab, vorstellen. Ich wusste, Wein schmeckt am besten vor Ort und in der Gemeinschaft. Er kann nicht allein getrunken werden, denn er braucht zu seiner Entfaltung und zu seiner belebenden Wirkung die Geselligkeit, das Gespräch und das Brot. Wein ist ein geistiges Getränk und bedarf des Geistes.

All dies ließ ich in meiner Phantasie aufkommen und verinnerlichte mir auch den Stadtplan, um mich leichter in der Stadt zurechtzufinden.

Natürlich lernte ich Spanisch. Sprachkenntnisse sind notwendig, das wusste ich von den Gastarbeitern hier in Deutschland. »Bereits wenige deutsche Sprachbrocken erschließen einem Land und Leute und machen einen zu einem Vertrauten des Landes«, sagte mir ein Gastarbeiter über seine Spracherfahrungen und Alltagserlebnisse in Deutschland. »Sprache macht heimisch und eröffnet Kontakte.« Die spanische Lehrerin bemühte sich, uns das rollende »r« der spanischen Wörter am Beispiel »toros« beizubringen, das wenige Fremde richtig sprechen können. Sie verwies darauf, dass nach den Vokalen »i, e« das »s« in ähnlicher Form wie das Englische »the« zu klingen habe. Mir als Besucher der Stadt Pamplona sagte sie, dass dort sowohl katalanisch wie auch baskisch gesprochen werde. Ich möge dann immer wieder sagen »Como se dice … en español?« Dabei verwies sie darauf, dass das »n« in diesem Fall ein langgezogenes »nj« sei, weil über dem »n« eine Wellenlinie sei.

Aufgrund meiner intensiven Vorbereitung hatte ich keine Angst vor Spanien als einem mir fremden Land. Der Flugzeugwechsel in Madrid klappte anstandslos. Während der Taxifahrt vom Flughafen Pamplonas zum Hotel stellte mir der Fahrer die üblichen Fragen: »Woher?« – »Ah, Deutschland, kenne ich.« – »Was machen Sie hier?« – »Ah, Universität. Wir haben in Pamplona drei Universitäten, eine große Universitätsstadt.« Er schien stolz auf seine Heimatstadt zu sein. Ich sah die neuen Fabrikhallen an der Einfahrtstraße zur Stadt und fand es gut, dass sich auch Industrie in Pamplona ansiedelte.

Das Hotel lag in der Altstadt, gleich in der Nähe einer Kirche und eines Klosters. Nach dem Ausfüllen des Anmeldeformulars stellte ich mein Gepäck in mein Zimmer und duschte, ruhte mich etwas aus und spazierte dann zum Eröffnungsabend des Kongresses.

Der Weg zur Universität führte an der Befestigungsanlage, Ciudadela, vorbei. Ja, so habe ich sie auf den Bildern gesehen: meterbreites Mauerwerk, tiefe Gräben zwischen den Befestigungswällen, die Eingangstore und die noch intakten Zugbrücken. Bild und Wirklichkeit deckten sich beim Anblick der Anlage und erweckten den Eindruck, als ob ich schon immer hier gelebt hätte. Ich staunte über meine Gedächtnisleistung, die mir eine Vertrautheit der Anlage vermittelte und ihr jede Fremdheit nahm. Trotzdem war mir die Neugierde ungenommen, so dass ich nicht als Langweiler hätte sagen können: »Kenne ich schon.« Vor Ort wurde das Vorstellungsbild, durch Bildbände vermittelt, durch die Realität und durch das Betreten der Anlage lebendig. Ich konnte die Steine des Eingangstores anfassen und so das Festungswerk der Stadt spüren.

Die Tagung ließ mir Zeit, durch Spaziergänge die Stadt zu erkunden. Mein Weg führte zur Arena, die von Platanenbäumen umgeben war, unter denen die massive Büste Ernest Hemingways auf einem Sockel thronte. Plakate, in orangerot und sonnengelb gehalten, zeigten die Stierkämpfe an. In einer der Bars gegenüber der Arena bestellte ich ein Glas Rotwein mit einer Flasche Sprudelwasser. Bald kam ich mit meinem Tischnachbarn ins Gespräch. »Ah, Deutscher. Deutschland ist ein reiches Land. Spanien dagegen arm.« Ich erzählte ihm, dass ich Hemingways »Fiesta« gelesen habe und deswegen gerne einen Stierkampf miterleben möchte. »Hemingway hat uns mit seinem Roman etwas aufgebürdet. ›Corrida de toros‹ wollen die Besucher nur sehen. Doch noch spannender ist es, am San-Fermin-Tag, dem 7. Juli, früh morgens um acht Uhr den Lauf der Stiere mit den vorweg rennenden wagemutigen jungen Männern im weißen Dress durch die engen Gassen Pamplonas zur Arena zu verfolgen. Gewiss werden einige von ihnen durch die heranbrausenden Tiere niedergetrampelt. Wir atmen jedes Mal auf, wenn es keine Toten gibt. Bemerkenswert an diesem Stierlauf ist nicht der Wagemut der Männer, sondern dass die jungen Kampfstiere von alten Stieren, im Dienst der Arena, angeführt werden, die kurz vor dem Arena-Eingang zur Seite abbiegen und die zornigen wilden Jungstiere in das Arena-Innere, in den Tod, laufen lassen. Irgendwie typisch für Spaniens Geschichte und seinen Bürgerkrieg.« Schweigend tranken wir den Wein und aßen dazu Schinken mit Brot. Er lobte mich, dass ich rechtzeitig noch vor »Sanfermines« gekommen sei, dem Fest zu Ehren des Märtyrers San Fermin, das bis zum 14. Juli dauere.

Beim Abschied rief er mir zu: »Proxima manana«. Ich ging durch das abendliche Pamplona zum Hotel. Viele Menschen, auch Eltern mit Kleinkindern, waren auf der Straße. Die Bars und Restaurants schienen gut besucht. Stimmengewirr und Musik klangen aus ihnen. Ich war in einer südländischen Stadt, deren Leben erst abends erwachte. Die halbgeöffneten hölzernen Fenstertüren, die an Südfrankreich erinnern, ließen die spätabendliche Kühle in die Zimmer. Der erfrischende Wind von der nicht weit entfernten Biskaya und den schneebedeckten Pyrenäenbergen zog durch das abendliche Pamplona und vertrieb die auf der Stadt lastende Sommerhitze.

Frühmorgens am anderen Tag ging ich zu der Stadtmauer und konnte von ihr auf die in einem Karree eingesperrten Kampfstiere sehen und erkannte auch die älteren. Die Hirten in ihren Umhängen und mit ihren langen Stöcken hatten Aufstellung genommen, um die Tiere anzutreiben. Ich versuchte schnell auf dem Stadtmauerweg an der Kirche San Domingo vorbei zum Rathausplatz zu eilen. Unterhalb der Stadtmauer vor der Büste San Fermins in der Straße San Domingo bemerkte ich betende junge weiß gekleidete Männer. »Verständlich«, dachte ich mir, »den Schutz der Heiligen vor Bewahrung, vor Unglück und bösen Verletzungen während ihrer Mutprobe vor den heranbrausenden Stiere zu erbitten.« Hinter einem Absperrgitter gegenüber der mächtig aufragenden Renaissancefassade des Rathauses beobachtete ich, wie die weiß gekleideten Männer, von den schnaubenden Stieren getrieben, vorbeirannten, und manch einer strauchelte und konnte sich wieder hochrappeln. Die von Mut und Angst gezeichneten Männergesichter und die von wilder Wut und verbissenem Eifer hervortretenden Tieraugen flogen an einem vorbei. Hinter den Absperrgittern schrien Männer und Frauen, die den Lauf anfeuerten. In letzter Not hatte sich ein junger Mann über das Gitter geschwungen und sich so vor den aufspießenden Stierhörner gerettet. Einige Männer ergriffen den Stierschwanz und rissen das aufgereizte Tier in die andere Richtung, so dass es nicht mehr gegen das Absperrgitter anrennen konnte. Der Lauf bis zur Arena misst eine Strecke von 825 Metern.

Außer Schürfwunden war nichts Schlimmes passiert. In der Bar wurden die Heldentaten mit Wein besungen, und mancher schilderte, wie er sich bei diesem Lauf gefühlt habe. Plötzlich stand mein gestriger Gesprächspartner vor mir. »Un arcaico ritual. Heute Nachmittag wird es in der Arena durch Stierkämpfe fortgesetzt, ein alter Opferritus zu Ehren der schönen Frauen. Ein uralter Mythos wird für einige Stunden Gegenwart und sinkt dann zurück in das kollektive Unterbewusste, um nächstes Jahr wiederzuerstehen.« Er hatte recht: »Diese ›Sanfermines‹ erwecken ferne Vergangenheit im technischen Zeitalter. Vergangenheit und Gegenwart scheinen zeitgleich durch den Stierkampf und die Verehrung des Märtyrers San Femin verbunden zu sein. Archaischer Brauch und religiöse Feier schließen sich in Spanien nicht aus.«

Zu Ehren San Fermins trugen nach dem Stierrennen der Oberbürgermeister und der Erzbischof, von weltlichen und geistlichen Würdenträgern begleitet, die Reliquie des Heiligen, einen in Silber gefassten Kopf mit Bischofsmütze und Ornat, durch die Straßen der Altstadt zur Kirche San Lorenzo. Nach der Messe wurde die Reliquie in die gotische Kathedrale, die Grablegung der Könige und Königinnen von Navarra, gebracht. Vor ihrem klassizistischen Portal tanzten zu baskischen Flötentönen und denen der Dudelsackpfeifer Riesenfigurenm »Les Gigantes«, die all die Völkergruppen, die durch Pamplona zogen, symbolisierten. Die große Glocke »Maria« der Kathedrale ertönte. Manche meinten, ihr dunkler Klang erfülle das Tal Pamplonas. Die Bevölkerung nennt dieses Ereignis »el momentico«. Es war schon etwas Besonderes, dieses Wir-Gefühl der Festgemeinde mitzuerleben.

Vom Rathaus mit seiner mythologischen Fassade, die Macht darstellend, folgte ich dem alten St.-Jakob-Pilgerweg, Rota Jacobea, entlang der Calle Mayor, der durch blau-emaillierte Schilder mit der goldenen Jakobusmuschel gekennzeichnet ist und nach Santiago de Compostela zum Grab des Heiligen Jakobus führt. Im Turm der Iglesia dc San Saturnino ist eine Herberge für die Jakobs-Pilger, deren Kennzeichen die Herzmuschel ist, untergebracht. Ich sah, wie sich einige in Wanderkleidung mit Hut, Wanderstock und Rucksack auf den Weg machten. Sie nötigten mir angesichts des 600 km langen Weges bis zum Ziel Respekt ab. »Der Geist des alten Wanderwegs und Pilgerwegs wird durch sie verlebendigt«, kam mir in den Sinn, »und von Generation zu Generation weitergegeben.« Menschen spüren in sich den Wandertrieb und auch den religiösen Wunsch nach Befreiung und Vergebung ihrer Sünden am Grab des Heiligen. Der Mensch erschien mir als ein rätselhaftes und komplexes Wesen, anscheinend nicht von dieser Welt. Archaische Kräfte zeigen sich im Stierkampf und geistige Werte werden von ihm auf dem Pilgerweg als lebenswert erkannt. Wahrscheinlich ist dem Menschen aufgegeben, die geistige Balance zu finden, um Mensch zu sein und um positiv in der Gemeinschaft zu wirken.«

Ich frühstückte und ging zur Universität. Ich erwanderte Pamplona, um so die Atmosphäre und das Leben der Menschen in der Stadt zu erfahren. Morgens war es wie in jeder Stadt, Menschen eilten zur Arbeit und in die Büros, die Schulkinder zur Schule. Wo einst die Stadtmauer war, sind heute nur Reste von ihr übrig und an ihrer Stelle gepflegte grüne Parkanlagen angelegt. Von hier konnte ich das sich lang am Horizont hinziehende Aquädukt sehen, das ein Arzt im 19. Jahrhundert erbauen ließ, um die Stadt mit Wasser aus den Bergen zu versorgen.

Durch die breite Ausfahrtstraße, Avenida de Pio XII., verließ ich die Altstadt und wurde in das moderne Pamplona geführt, das vieles gemeinsam hat mit den neu errichteten technischen Städten, die keinen Mittelpunkt mehr haben so wie die Altstadt von Pamplona, sondern von ihrer Funktionsweise bestimmt werden: zehnstöckige Wohnblocks mit Einkaufszentren, Bürohäusern und Hotels, selbst die Kirchen erscheinen nicht mehr als markante Orte.

An der Kreuzung der Avenida de Pio XII. mit der Avenida de Navarra bemerkte ich, dass Pamplona auf einem Plateau liegt, denn vor mir weitete sich der Blick auf den Universitäts-Campus im Tal des Flusses Rio Sadar und auf die blaugetönten Bergketten am Horizont, rechts die riesiggroße weiße Universitätsklinik, links die backsteinroten Universitätsgebäude, die der Gründer des Opus Dei, Don Escriban, durch die Spendengelder einer adeligen Dame in den 20er Jahren errichten ließ, die seine religiös motivierten Aktivitäten und Bildungssysteme angesichts des gesellschaftlich-politischen Umbruchs in Spanien förderte. Seine Ideen wirken weltweit.

Pamplona ist immer wieder als ein geistiges Zentrum hervorgetreten: Im 13. Jahrhundert hat Franz von Assisi, wie sein Denkmal auf der Plaza de San Francisco zeigt, verfeindete germanische und iberische Stämme miteinander versöhnt. Ignatius de Loyla, der Gründer des Jesuitenordens, wurde hier verletzt und erlebte seine Bekehrung während der Genesung. In der nach ihm benannten Straße Avenida de San Ignacio erinnert seiner eine im Gehweg eingelassene Bronzetafel.

Auf dem Weg zur Universität in der Straße Fuente del Hierro fielen mir die unübersehbaren Wegzeichen des Jakobsweges auf. Sie leiten die Pilger über eine alte Steinbrücke aus der Stadt. Sie wird von den Pilgern wie auch von den Autofahrern benützt. Es scheint, dass technische und geistige Welt auf dem Camino parallel laufen. Der Autolärm stört nicht die in sich gekehrt wandernden Pilger, die von einer berittenen Pilgerpolizei beschützt werden.

Ich betrat das Universitätsgebäude und bemerkte, wie auch hier Altes und Neues verwoben sind. Durch die Bilder und durch das geschichtliche Wissen ergänzen sich Imagination und Wirklichkeit auf das Angenehmste.

Am Abend saß ich in einem Korbstuhl auf der Plaza del Castillo, der an die Plaza de Mayo in Madrid erinnerte. Wie dort ist der fast rechteckige Platz von fünfstöckigen Hotels, eines davon ist La Perla, in dem Ernest Hemingway seine Tage in Pamplona verbracht hatte, von großen Restaurants mit Arkadengängen, in denen Hemingway seine Abende mit seinen Freunden durchzechte, Bürohäusern und Wohnhäusern umgeben. Einst stand auf diesem Platz das Schloss der Könige von Navarra. Es wurde von den Bürgern abgetragen. Mit seinen Steinen wurde hinter der Kathedrale an der Stadtmauer ein Gasthof gebaut, in dessen rustikalem Ambiente sich gut essen lässt. Die auf dem Platz angepflanzten Platanen spenden tagsüber den auf den Bänken sitzenden alten Menschen Schatten. Vom Korbstuhl des Restaurants aus erschien mir die Plaza del Castillo riesengroß, so dass sich die Rotunde in seiner Mitte klein ausnahm. Ich bestellte mir »Flan«, ein weiches Süßgebäck, mit Zitronenlimonade. Ich ließ, wie all die Menschen, die hier saßen oder flanierten, den Tag, wie auch an den späteren Abenden, mit einer angenehmen Unterhaltung bei der gelblich warmen Lampenbeleuchtung ausklingen. Das alte mittelalterliche Motto »Stadtluft macht frei« fiel mir ein. Es ist so, nur in der Stadt kann der Mensch seine Individualität und Begabung entfalten. Hier kann er inmitten geschichtlicher Vergangenheit das Angenehme und das Nützliche verbinden. Ja, ihm ist es möglich, im Einklang mit der Tradition das Neue, das Moderne zu erschaffen, das sich in das Altstadtensemble einfügt. In Laufe der Zeit wird es keinen Stilbruch mehr geben zwischen Altstadt und Trabantenstädten, sondern es wird zusammenwachsen, was zusammengehört.

Ich werde wieder nach Pamplona kommen. Die Stadt ist mir durch die Spaziergänge und durch die Gespräche mit den Bewohnern vertraut geworden. Sie erschien und erscheint mir als ein Ort verdichteter geschichtlicher und menschlich-archaischer und geistiger Kräfte. Die Stadt zeigte sich mir als ein Kristallisationspunkt spanischer Kultur mit ihren Stierkämpfen, dem farbenfrohen und doch strengen Katholizismus und der technischen Moderne. All dies wirkt eigenständig und fügt sich zu einem Ganzen zusammen, so dass sich in Pamplona gut leben lässt.

Gelernt habe ich durch den Besuch Pamplonas, meine Heimatstadt neu zu sehen.

Malta, eine Insel mit Vergangenheit und Gegenwart

Wo sind Vergangenheit und Gegenwart so dicht verschlungen zu erleben wie auf Malta? Vom Flugzeug aus sind Malta und die Nachbarinsel Gozo als kleine Felsenpunkte im südlichen Mittelmeer zwischen Sizilien und Nordafrika auszumachen. Historisch berühmt geworden sind sie durch den Malteserorden, der einst aus dem Johanniterorden hervorging. Heute erinnern ihre Fahnen und Schilder mit dem weißem Kreuz auf rotem Grund noch daran, wie auch der verfilmte Kriminalroman »Der Malteser Falke« von Dashiell Hammettas. Ebenso trägt ein guter Schnaps in grünen Flaschen den Namen »Malteserkreuz« und um das weiße Kreuz auf rotem Grund sind die Worte »Malteser Aquavit« zu lesen. Auch die karitative Tradition, die einst den

Sinn und Zweck des Ordens bestimmte, wird in Deutschland vom »Malteser Hilfsdienst« fortgesetzt. Ihre Krankenwagen und ihre Einsatzleute sind gekennzeichnet durch das Emblem weißes Kreuz auf rotem Grund.

Der melodisch klingende Name Malta leitet sich von dem phönizischen Wort »Malat« ab, was soviel wie ›Hafen‹ oder ›Zuflucht‹ bedeutet und darauf hinweist, dass Malta als Hafenplatz bereits in grauer Vorzeit bekannt war. Die Griechen nannten die Insel »Meli«, was soviel wie ›Insel des Honigs‹ heißt. Noch heute saugen Maltas Bienen Nektar aus Kapernblüten, was einen würzigen Honig gibt. Im Lauf der Jahrtausende haben Fischer, Seeräuber, Raubritter und andere Eroberer in den tief eingeschnittenen Naturhäfen der Insel Zuflucht gesucht und in den Nachkommen ihr Zeugnis hinterlassen.

Selbst der Apostel Paulus soll, wie die Legende berichtet, auf der Insel gelandet sein. Im Landesinnern, in der Stadt Rabat, wird noch heute die Grotte gezeigt, in der Paulus gelebt hat und von der er aus missioniert haben soll. Der Überlieferung nach geht von den Grottenwänden Heilkraft aus. Weil die Pilger und Besucher wegen der Heilkraft Steine aus den Grottenwänden herausgebrochen haben, wurde der Eingang ins Grotteninnere mit einem schweren Eisengitter versperrt. Einzuschaltendes elektrisches Licht gewährt einen Einblick in das erleuchtete Höhleninnere.

Die Nachbarinsel Gozo ist nach Aussagen des griechischen Dichters Homer in seiner Odyssee der Wohnort der Nymphe Kalypso, die Odysseus verführte.

Geologisch scheint der malerische Archipel im Mittelmeer der Überrest einer vor Jahrtausenden von Jahren bestehenden Landzunge gewesen zu sein, die vormals Afrika mit Europa verband. Versteinerte Zwergelefanten und Flusspferde legen Zeugnis von der einst blühenden Flora und Fauna ab.

Die Fahrt mit dem Auto vom Flughafen in die Stadt gewährt einen ersten Blick auf die steinige Landschaft mit ihren wenigen Palmen, Windmühlen, Pferdepflügen auf den steinumzäunten Feldern und Feigenkakteen. Die einstöckigen Häuser am Straßenrand mit ihren hölzernen oder steinernen Alkoven erinnern an die Zeit der Araber, die ihre Religion auf Malta bis ins 11. Jahrhundert ausüben konnten und dann von der Kirche missioniert wurden. Auffallend erscheinen am Horizont die trutzigen Festungsmauern um Valletta, Maltas Hauptstadt, die jetzt Weltkulturerbe ist. Vom blauen Himmel brennt die Sonne und treibt das Thermometer auf 40 Grad im Schatten, erwärmt das Mittelmeer auf 28 Grad und wird von dem hellgelben Sandstein, der charakteristisch ist für die Insel, reflektiert. Auch abends kühlt die Luft nicht ab. Es bleibt bei 30 Grad nachts.

Ich wohnte in einem der guten Hotels in Sliema am Strand und brauchte nur die Autostraße zu überqueren und konnte dann an der Strandpromenade mit dem Blick aufs Meer und die Hotels entlangwandern oder im Mittelmeer baden. Neben den freundlichen Bars sah ich Straßenverkaufsstände, die türkischen Honig und Erfrischungsgetränke anboten. Am Wochenende erlebte ich ein kirchliches Fest, »festi«, wie es die Malteser nennen, in der High Street am Balluta-Bay mit Prozessionen und Musikkapellen in historischen Kostümen. Am Abend war die Straße mit Glühbirnen erleuchtet, und später wurden Feuerwerkskörper in den Himmel geschossen. Die Kirche stellte ihre kostbaren Prunkstücke, Silbergeräte und Damastbehänge zur Schau, die Straßen wurden vor der Kirche mit riesigen Heiligenfiguren geschmückt und es wimmelte von Erwachsenen und Kinder. »Sie erleben Frömmigkeit mit einem Hauch von Feststimmung. Es gibt 364 Kirchen auf Malta«, sagte mir ein Malteser und fuhr fort: »Wir glauben mehr dem Wort des Priesters als dem Eurobarometer. Scheidungen sind bei uns verboten. Re-

ligion und Arbeit bestimmen hier auf unserer Insel das Leben.«
Die katholische Religion nimmt eine Schlüsselstellung im Alltagsleben der Malteser ein. Die Familien gehen zur Kirche. Vor
der Mutter Gottes verweilen Mann und Frau lange im Gebet.

Mein Gesprächspartner konnte Englisch. Doch nicht alle
Malteser beherrschen dies. Die Fischer und einfachen Leute im
Hafen sprechen Malti, eine semitische Sprache. Sie ist das Erbe
der phönizischen und der arabischen Herrschaft der Antike und
des frühen Mittelalters. Fast siebzig Prozent des Malti-Wort-
schatzes ist semitischen Ursprungs, vermischt mit Italienisch
und Englisch. Gedankt wird mit: »Grazil il Allah«. Die Malteser sind anscheinend das einzige semitische Volk, das den katholischen Glauben angenommen hat. Die Gemeindebriefe der
Kirchen sind in Malti abgefasst und für einen Außenstehenden
sehr schwierig zu lesen, geschweige denn zu verstehen. Es sieht
so aus, dass die Katholische Kirche die Identität der Malteser
durch die Nationalsprache Malti fördert. Demnächst wird die
Inselrepublik Malta der Europäischen Gemeinschaft angehören.
Dann werden das Europäische Parlament und die Behörden für
Malti Übersetzer einstellen müssen. Denn in der Europäischen
Union gibt es keine Einheitssprache, sondern es werden die Na-
tionalsprachen geachtet. Selbst an der Universität von Malta mit
ihren zehntausend Studenten werden die Vorlesungen teilweise
in Englisch wie auch in Malti abgehalten und ebenso die wis-
senschaftlichen Dissertationen in beiden Sprachen geschrieben,
je nachdem, ob sie Themen Maltas oder internationale verhandeln. Wissenschaftliche Bücher erscheinen in Englisch, um in
der Welt gelesen werden zu können.

Auf Schritt und Tritt sah ich Schülerinnen und Schüler in
den Straßen und am Strand von Malta, die am Vormittag in
einer der vielen englischen Sprachschulen ihr Englisch ver-
bessern lernen gehen. Am späten Nachmittag lagen sie am

Strand oder schwammen im Meer und sprachen dann wieder ihre Muttersprache und kein Englisch, das sie vertiefen wollten. Verständlich, dass am Frühstückstisch im Hotel schuldbewusst im Gespräch beklagt wurde: »Gewiss, wir lernen und sprechen vormittags Englisch und am Nachmittag untereinander wieder in unserer Muttersprache. Wir sind nicht konsequent, sondern bequem. Vielleicht sollten wir englisch geschriebene Bücher lesen, um so langsam in die Gedankenwelt der englischen Sprache einzudringen und sie uns unbewusst bewusst zu machen.« Ihre Bemerkungen sind bedenkenswert angesichts der hohen Kosten und Unterhaltspreise, die die Eltern dafür zahlen. Verständlich der Elternwunsch, dass sich am Ende der Sprachaufenthalt ihrer Kinder auf Malta gelohnt hat.

Aufgrund der enormen Sommertemperaturen und der Weitläufigkeit der Küste war für mich ein Spaziergang durch Valletta mit großen Anstrengungen und mit enormem Kraftaufwand verbunden. Selbst die Einheimischen blieben zu Hause und gingen erst am Abend am Strand spazieren, wenn die Temperaturen um einige Grade absanken. Das aufgeheizte Mittelmeer brachte keine Kühlung, sondern Dunst ließ das Blau des Himmels grau erscheinen. Nur in den Geschäften erschien es Dank der Klimaanlagen kühl. Auch im Hafen wurde nur in der Früh oder am Abend gearbeitet. Die Barockkirchen waren erst ab vier Uhr am Nachmittag zu besichtigen.

Am Busbahnhof vor dem Tor von Valletta sagte ich zu einem Malteser: »Hier auf Malta sind die Busfahrten und das Mineralwasser billig.« Er pflichtete mir bei und meinte dann: »Doch sonst ist alles teuer. Der Verdienst ist nicht hoch, doch dafür die Steuerabgaben. Wir müssen alles importieren. Schauen Sie auf die starken Befestigungsmauern der Stadt. Wir sind und bleiben eine Festung und haben nur steiniges, kaum zu beackerndes Hinterland.«

Die Festungsmauern sind Zeugnisse einer wilden Zeit, als das christliche Europa mit dem Osmanischen Reich um die Vorherrschaft im Mittelmeer rang, um sich die Handelswege nach dem Osten und den Reichtum aus dem Osten zu sichern. Heute kaum vorstellbar, aber wahr, dass Piraterie für alle damaligen politischen Parteiungen ein einträgliches Geschäft war. Sogar der christliche Pirat Dragon mit seinen Mannen kämpfte wegen der besseren Bezahlung und der versprochenen Gewinnaussichten auf Seiten der Osmanen gegen das christliche Heer und deren Flotte. Leider fiel er in der Schlacht um Valletta und hatte nichts von seinem Verrat. Nach dem Sieg gegen die Osmanen wurde die Stadt Valletta gleich einem Schachbrett zur modernsten Stadt Europas auf dem Rücken der Halbinsel Monte Sciberras aufgebaut. Der Straßenblick in der Stadt führt an den rechtwinklig angelegten Straßen entlang in die Weite und trifft am Horizont auf den Himmel und das Meer. Eine Bekannte meinte: »Vieles dieses geometrisch ausgerichteten Stadtkerns Vallettas erinnert an New York und Manhattan. Es sind Städte des rationalen Menschen seit der Renaissance und der Aufklärung.«

Die Halbinsel von Valletta ist auf der einen Seite vom Grand Harbour und auf der anderen Seite vom Marsamxett Harbour wehrhaft mit Kanonen bestückt und erscheint von See aus uneinnehmbar. Nur deutsche Flugzeuge haben dann im II. Weltkrieg aus der Luft die Insel und die Stadt in Schutt und Asche gebombt. Sie wurde wieder akribisch aus dem hellen Sand- oder Kalkstein, der das Gesicht der Insel prägt, aufgebaut, so auch die über vierzig Meter hohe Kuppel der Karmeliterkirche »Our Lady of Mount Carmel«, die an das Pantheon zu Rom erinnert.

Valletta ist die Stadt des Malteser Falken. Kaiser Karl V., dessen Bild, gemalt von Tizian, als Transparent am Eingangstor von Valletta hing, hat den Johanniter Kreuzrittern im Jahre 1530

Malta als ewiges Lehen übertragen, als diese von den Osmanen von der Insel Rhodos vertrieben wurden. Als Gegengaben mussten sie ihm die alljährliche symbolische Zahlung eines Falken zusichern. Daran hatte sich die Phantasie des Kriminalschriftstellers Dashiell Hammettas entzündet, dessen Buch »Der Malteser Falke« John Huston mitten im II. Weltkrieg zum Teil in Valletta mit Humphrey Bogart in der Hauptrolle verfilmte.

Auf Malta hatte ich das Gefühl, in zwei Welten zu leben, einmal in der realistischen mit ihren hohen Temperaturen, und dann in der der geschichtlichen Vergangenheit mit ihren Bauten und archäologischen Fundstellen. Ich verband beide Welten in meinen Gedanken, wenn ich auf die geschichtsträchtige Stadt schaute, die ihren Namen von dem Großmeister Jean Parisot de la Valletta hat, der im heldenmütigen Kampf 1566 mit einer kleinen Schar von 600 Rittern und 6 500 Männern Maltas gegenüber dem viermal so starken Heer der Osmanen, also 30 000 Mann, während der »Großen Belagerung«, dem »l-assediju l-gbir«, erbitterten Widerstand leistete. Die zweite große Belagerung war dann im II. Weltkrieg 1942 und wurde auch abgewehrt. In den fünf Jahren nach 1566 wurde durch Spenden aus Europa Valletta als Renaissancestadt durch den Baumeister Francesco Laparelli, einen Schüler Michelangelos, aufgebaut. Jede der acht Nationen, auch »Zungen« genannt, aus denen die Ordensritter kamen – Böhmen, Bayern, England, Spanien, Portugal, Frankreich und Italien – hatte ihr Quartier, auch Auberge genannt, mit gemeinschaftlichen Wohnräumen. Heute sind in ihnen die Ministerien untergebracht. In der prunkvollsten von ihnen, der von Kastilien, Leon und Portugal, residiert der Premierminister.

Die Stadt wurde bereits damals nach hygienischen Gesichtspunkten geplant. Zisternen für Wasser wurden in jedem Stadtteil angelegt; nachdem es nur kleine Flüsse auf Malta gibt, muss das Regenwasser aufgefangen werden. Ja, es wurden unterirdische Abwasserkanäle gelegt, um die Seuchengefahr zu bannen. »Noch heute staunen wir, wie solide damals gebaut wurde, wenn Straßenbauarbeiter die Straßen aufreißen, um Abflussrohre der Häuser in die unterirdische Kanalisation zu führen«, meinte ein Beamter aus dem Baureferat der Stadt und berichtete weiter: »Der Johanniterorden war ein Hospizorden, der sich der erkrankten Pilger auf dem Weg ins Heilige Land annahm. Er wusste um Seuchengefahren und konnte so gegen manche verheerende Krankheiten ankämpfen. Der Müll der Stadt wurde bereits damals außerhalb Vallettas verbrannt.«

Es lohnt sich, sich auf dem Platz vor der St.-Johannes-Kathedrale einen Eiskaffee zu genehmigen, um sich nach dem ersten Rundgang durch Valletta zu stärken und die bewegte Geschichte der Stadt an sich vorbeiziehen zu lassen und auch die Touristen aus aller Herren Ländern zu betrachten. Etwas mehr als Malta an Einwohner hat, ca. 400 000, habe ich mir sagen lassen, kommen als Touristen alljährlich zu Besuch. Eigenartigerweise habe ich nicht den Einruck der Enge auf Malta verspürt, obwohl die Hauptinsel mit einer Länge von nur 27 Kilometern und knapp 1 300 Einwohnern pro Quadratkilometer zu den am dichtesten bevölkerten Gebieten der Erde zählt.

Ein Ehepaar, Soziologen, an meinem Tisch besuchten jedes Jahr Malta und studierten die Nachwirkungen der über 150-jährigen englischen Kolonialgeschichte. »Ja, die Engländer haben durch ihr Rechtswesen und durch ihre Verwaltung Ordnungsstrukturen auf Malta aufgebaut, die auch heute noch nach der Unabhängigkeit Maltas 1964 nachwirken und prägend sind. Die Autos fahren links wie in Großbritannien. Es gibt englische Pubs zuhauf, die erst um 16 Uhr öffnen und um 23 Uhr schließen. Die orangefarbenen englischen Oldtimer-Busse sind der Stolz ihrer Fahrer«, berichtete der Mann. Seine Frau mit typischem englischen Hut und dem hellen Teint verwies auf die gepflegten Geschäfte im englischen Stil mit ihren vielen Spiegeln und warmen Holzvertäfelungen. »Ja, Prinz Charles hat 1969 den Grundstein der neuen Universität von Msida gelegt, nachdem die ehemalige Jesuiten-Hochschule als Universität in der Stadt Valletta zu klein wurde. Manche großen Hotelbauten und Verwaltungsgebäude zeugen vom Empirestil. Selbst die englischen Umgangsformen werden weiter gepflegt. England hat seine Kultur nach Malta transportiert. Mit dem Ausbau des Hafens durch die Engländer als Handelsplatz wurden auch anglikanische Kirchen, in Valletta und der Insel, wie die St. Paul's Cathedral errichtet, die an den Sonntagen gut besucht sind.« – »England hat durch seinen Geist diese Inselrepublik kultiviert, so dass sie sich gegenüber allen anderen Inseln des Mittelmeers durch Sauberkeit und Ordnung auszeichnet«, ergänzte der Mann seine Frau, die fortfuhr: »Malta ist das Mallorca der Engländer. Hier wird Englisch gelernt ohne englisches Wetter.« – Typisch Englisch: »Jeder Bericht und jede Erzählung muss mit einer Pointe oder ›joke‹, ein schwer zu übersetzendes Wort, enden«, denke ich mir. Durch das Gespräch gewann ich eine neue Sicht auf Malta.

Ich sah mir die St.-Johannes-Kathedrale an, eine gotische Hallenkirche, in der es bis ins 11. Jahrhundert den Predigtstuhl eines muslimischen Geistlichen gab. Die Kirche ist Grablegung der Großmeister und der Johanniterordensritter, deren Grabplatten mit den Geschlechterwappen aus farbigen Marmorintarsien verziert sind. Überraschenderweise fand ich unter den über 375 Grabplatten auch eine mit Davidstern und den jüdischen Königslöwen. Ein Kunstgeschichtler der Kirche meinte auf meine Nachfrage: »Der Davidstern war ein altes Mariensymbol.«

Die prächtigen Malereien im Gewölbe stammen von dem italienischen Maler Mattia Preti und wurden von ihm zwischen 1662–1667 auf eigene Kosten geschaffen. Dafür wurde er als Ritter in den Orden aufgenommen. Das Altarbild, ein Bild von

Michelangelo de Caravaggio, zeigt die Enthauptung Johannes des Täufers, der der Ordenspatron der Johanniter ist. Die aus dem Dunklen des Bildes heraustretenden, hellleuchtenden Gestalten ziehen die Aufmerksamkeit auf das Altarbild.

In unmittelbarer Nähe des Hauses der Malteserritter befindet sich ein breiter Kreuzgang, der einen steingepflasterten Innenhof umrahmt. Die wuchtigen Treppen führen in die oberen Stockwerke. Vom Glanz der Ordensritter und ihrer Großmeister ist wenig zu sehen. Vielmehr sind in den Zimmern der Ordensritter heute Büros eingerichtet. Auf meine Frage »Was ist von der Ordenritter noch zu sehen?« erhielt ich als Antwort: »Die Tradition und der Geist der Malteserritter wird mit modernen Mitteln fortgesetzt. Wir helfen weltweit und sind auch weltweit vernetzt.« Ich sah Büroangestellte und Sekretärinnen fleißig am Computer und in den Akten arbeiten. Ich erkannte: »Der Geist der Hilfsbereitschaft geht nicht unter, sondern wird auf neue Weise mit technischen Mitteln weitergegeben.«

Anhand einer Broschüre lese ich, dass als letzter Großmeister von Malta ein deutscher westfälischer Adeliger, Ferdinand von Hompesch (1744–1804), 1797 gewählt wurde. Seine Amtszeit fiel in die Zeit der Französischen Revolution und des Aufstiegs Napoleons. Von Hompesch wusste um die begeisternden Gedanken der Französischen Revolution »Gleichheit, Freiheit und Brüderlichkeit« auch in der Bevölkerung von Malta, von denen sich 4000 offen zu deren Reformideen bekannten und für sie kämpfen wollten. Doch ein viel größeres moralisches Problem gab es für ihn, als Napoleon mit seiner Flotte die Übergabe Maltas von ihm forderte. Die Malteserritter als Nachfolger der Johanniterritter sahen sich verpflichtet, den christlichen Glauben gegen muslimische Türken zu verteidigen. Nun stand ein christlicher Herrscher vor Malta und forderte die Übergabe der Insel. Der Großmeister suchte nicht den Kampf, um Malta zu verteidigen, obwohl er Napoleons Flotte in Grund und Boden hätte schießen können, sondern übergab ohne Blutvergießen am 12. Juni 1798 an Napoleon die Insel. Dieser ließ sofort die französische Flagge auf der Bastion von Valetta aufziehen und machte Malta zum Eigentum der Französischen Republik. Es ließen sich viele historische Spekulationen anstellen, wie die Geschichte verlaufen wäre, wenn von Hompesch gegen Napoleon gekämpft hätte. Wir wissen es nicht.

In einem kleinen Bistro aß ich zu Abend ein italienisches Gericht und trank dazu einen auf Malta gekelterten Wein, dessen Trauben aus Italien stammen. Anschließend kaufte ich mir eine Flasche Kennie, ein typisches maltesisches Getränk aus Orangen-, Zitronensaft und etwas Wermut. Es ist erfrischend und gut gegen Durst.

Am nächsten Tag unternahm ich eine Busfahrt für eine halbe maltesische Lira nach Hagar-Qim, einem Tempelheiligtum aus der Steinzeit. Die Landschaft zeigt ein karges Eiland, Folge der Abholzung durch die Phönizier und Römer, die hier ihre Schiffe bauten. Die steinigen Felder sind durch aufgehäufte Steinmauern umzäunt. Ab und an sind Buschwerk und einige Olivenbäume zu sehen. Ansonsten ist alles in das Gelb des Sandes und der Kalksteine getaucht. Nach einer halbstündigen Fahrt bin ich am Heiligtum angelangt. Ich sah nur Steine und die typischen Feigenkakteen. Im Reiseführer las ich, dass vor 5 000 Jahren die ersten Bewohner auf Flößen, mit Saatgut und ein paar Tieren an Bord, von Sizilien Malta und Gozo ansteuerten. Etwa tausend Jahre später begannen sie Tempel zu bauen. Ich stand vor den Ruinen, die das Ausmaß der einstigen großen Bauten erahnen ließen. Sie waren aus meterhohen, manchmal 1 000 Tonnen schweren Steinquadern mit Rundbögen, Nischen und Altären errichtet, also lange bevor Stonehenge in England gebaut wurde, dessen Anblick mich beeindruckte und dessen Einpassung in die Natur auf der Hochebene ich bewunderte. Von Stonehenge wird angenommen, dass es ein Sonnenheiligtum gewesen sei, wo die Sonnenwenden der Jahreszeiten gefeiert wurden. Weder hier noch dort weiß man etwas über den Alltag dieser rätselhaften Steinzeit-Baumeister und wenig über ihre vollkommen eigenständige Kultur. Um 2500 vor Christus verschwanden die Bewohner der Insel Malta. Über tausend Jahre blieb die Insel unbewohnt. Heute ist bekannt, dass diese Entvölkerung durch einen Klima-Umschwung hervorgerufen wurde, als die Wüste Sahara zu wachsen begann und sich nach Norden ausdehnte.

Über andere Kulturdenkmäler aus der Vorzeit ist mehr bekannt, so über die Pyramiden in Ägypten, weil deren Menschen Aufzeichnungen hinterließen. Auf Malta fehlten sie jedoch. Nur seine Ruinen können sprechen für jeden, der länger im Heiligtum verweilt und es öfter durchwandert. Der Grundriss der Steinanlage ähnelt nach meiner Meinung der der Kirchen und erinnert an einen am Boden liegenden Menschen mit seitlich ausgestreckten Armen. So sind in der Ruinenanlage die Apsiden, Querräume mit anschließenden Langhäusern, zu erkennen, in denen noch heute die Altartische zu sehen sind. Anscheinend hat sich der Grundriss dieser Kultanlage durch die Jahrhunderte bis heute im Kirchengrundriss erhalten. Eine steinerne Bank im Halbrund um den Altar war anscheinend als Sitzplatz der Priester gedacht, über deren Liturgie nichts bekannt ist. Beim Rundgang um die äußere Steinmauer nahm ich die steinernen Überreste der Füße zweier großer Personen wahr. Die Archäologen hatten herausgefunden, dass sie Frauengestalten gehörten. Hier war einst ein Heiligtum einer Muttergottheit. Bereits im archäologischen Museum zu Valletta machte mich eine Museumswärterin auf die aus Stein gemeißelten Frauenfiguren, manche einen Daumen groß, andere bis zu drei Meter hoch, aufmerksam. Diese kugelrunden Gestalten erinnerten mit kleinen

Köpfen an dicke Frauengestalten, die in strengen Faltenröcken steckten, unter denen die mächtigen Schenkel hervorragten, einige haben Brüste, andere sind ohne Geschlechtsmerkmale. Die Museumswärterin verwies mich auf eine anmutige Figur, die nur zwölf Zentimeter große »sleeping lady«. Sie ruhte mit ihrer rechten Körperseite auf einer Bettanordnung. Einen Arm hatte sie unter den Kopf gelegt, unter dem anderen angewinkelten Arm erahnte man ihre Brüste, in der Taille bildeten sich kleine Speckringe. Wie ein Ballon wölbt sich der Rock über dem Körper, unten lugten winzige Füße hervor. Voller stolz sagte die Museumswärterin: »Unser aller Mutter. Es muss eine Zeit der Fülle gewesen sein, als diese Schönheit entstand. Ein ganz anderes Frauenbild als das der emanzipierten Frauen heutzutage.« Ich konnte ihre Begeisterung für das natürliche Frausein verstehen. Vom Heiligtum in Hagar-Qim wanderte ich auf Steinplatten zum Heiligtum fast schon am Meer: der Mne(a)jdra-Tempel bei Qrendi. Der gleiche Grundriss war zu erkennen wie beim oberen. In einem der Heiligtümer fand ich in einen steinernen Türpfosten eingemeißelte Striche, wahrscheinlich Markierungen der Sonnenstände der Jahreszeiten. Die in den Tempeln gefundenen Magna-Mater-Figuren lassen auf den Kult der Muttergottheit schließen, der den spirituellen Raum des Mittelmeeres bis heute beherrscht. Ich wanderte noch zum Wachturm der Johanniterritter, von dem aus einst feindliche Angreifer oder ankommende Schiffe dem Großmeister gemeldet wurden. Dann stieg ich die Anhöhe hoch, um im Bistro einen Kaffee zu trinken, anschließend ging ich zur Bushaltestelle. Eigenartig, ich fühlte mich nach dem Besuch der Heiligtümer in einer traurigen Stimmung, hervorgerufen durch die Ruinenreste, den kargen Steinboden und die flimmernde Meeresluft.

Ich fuhr zurück nach Sliema und badete an dessen Strand im warmen Mittelmeer. Meine Stimmung bessert sich, als ich die Segelboote und die vorbeifahrenden Schiffe sah und merkte, wie neue Pläne zur Erkundung der Insel in mir erwachten. Ich konnte mir gut vorstellen, wie von Sizilien aus die ersten Bewohner auf Flößen über das Meer gekommen sein müssen. Ich bewunderte den Mut dieser Leute. Ich beschloss am nächsten Tag Tarxien, auf Malti »Hal Saflieni«, in der unmittelbaren Nähe Vallettas zu besuchen. Die Mitfahrenden im Bus waren freundlich und halfen mir als Touristen, bei der richtigen Haltestelle zum Tempel auszusteigen. Studenten leiteten dort die Gruppenführungen. Ich kam mit einem ins Gespräch. Er beherrschte gut die deutsche Sprache, die er in Abendkursen gelernt hatte. Jeder der Besucher wurde gebeten, einen Fragebogen über seinen Bildungsstand und sein archäologisches Wissen auszufüllen. Die Universität von Malta machte eine Untersuchung über den Bildungsgrad und den archäologischen Kenntnisstand der Besucher.

Der Tempelkomplex von Tarxien ist der größte und letzterbaute auf den maltesischen Inseln. Neben den Schautafeln über die Megalitharchitektur wird dem Besucher auch ein Einblick in das Kunstschaffen jener Epoche gewährt. Ich kam mit einem kroatischen Archäologen ins Gespräch. Er studierte die Kultorte der Muttergottheiten des Mittelmeerraums. Er war in Ephesus gewesen und hatte dort etwas mehr über die Liturgie der Feste der Muttergottheiten erfahren. »Ja, bei den großen Festveranstaltungen in Ephesus zu Ehren der Diana wurden hunderte von Stieren geschlachtet und deren Hoden auf ein Brett mit dem Haupt der Diana von Ephesus genagelt. Es war eine symbolische Begattung. Anschließend wurde das Göttinnenbild zu Wasser gelassen. Daran schloss sich ein Fruchtbarkeitskult der Teilnehmer im großen Stil an. Auch hier sehe ich die in Steinquader gemeißelten Stierherden. Der Stier ist ein Symbol der Fruchtbarkeit. Wahrscheinlich wurden auch hier

Fruchtbarkeitskulte abgehalten.« Aus der Religionsgeschichte war mir dies bekannt. Ich schaute mir die Stierreliefe genauer an. Hervorragend und meisterlich treten die Tiere aus dem Stein heraus. Sie erinnerten mich in ihren abstrahierten Abbildungen an Picassos Stierzeichnungen, in denen das Typische der Tiere festgehalten ist. Die Reliefs auf den Altären zeigten eine Prozession von Opfertieren, von Pflanzenmotiven, ebenso Spiralen, die Zeichen der Sonne sein könnten. Die Spiralen nahmen manchmal die Form von Augen an, vielleicht Symbol für die Augen der Großen Göttin, die Unheil abwehren sollten oder die scharf die Bewohner beobachteten, wie auf den Osterinseln im Pazifik. Manche der Interpreten dieser Reliefs erkennen in ihnen Symbole des Todes und der Fruchtbarkeit. Auf Malta wurde das ewige Gesetz des Naturkreislaufs, »Stirb und werde«, festlich begangen. In den vielen Büchern über diese steinzeitlichen Kultorte reiht sich Spekulation an Spekulation, um das Geheimnis dieser Tempelanlagen aufzuspüren. Lediglich im Hypogäum in Tarxien wurden in offenen Gräbern Reste von über 7 000 fast ausnahmslos weiblichen Skeletten gefunden. Es könnte die Begräbnisstätte der Priesterinnen der Insel gewesen sein. Die Große Mutter erschien den damaligen Menschen somit als Geberin des Lebens wie als Empfangende der Toten. Beim Besuch der Tempelanlagen und beim Betrachten der Steinreliefs meinte ich, dass Malta als eine große Tempelanlage der Fruchtbarkeit wie auch des Todes anzusehen sei. Auf Malta wurde die Natur in ihren zwei Seinsweisen gefeiert.

Den vorletzten Tag meines Aufenthaltes auf Malta beschloss ich, in den Städten Mdina und Rabat zu verbringen. Mit dem Bus fuhr ich 11 km von Valletta durch die geschäftige, dichtbevölkerte Industriestadt Hamrun. Die Straße führte am Aquädukt vorbei, der im 17. Jahrhundert von Großmeister Wignacourt erbaut wurde, um Wasser nach Valletta zu leiten. Vom Bus aus sah ich die mächtige Burganlage mit Kirche auf einem 231 Meter hohen Hügelrücken thronen. Sie überragte die Ebene und die kleineren Hügel bis zum Meer. Im Informationsbüro hörte ich, dass Mdina einst die Hauptstadt Maltas mit Universität war und heute Sitz des Erzbischofs ist. Die Touristen zogen durch die stillen Gassen und standen staunend am St.-Pauls-Platz vor der durch Lorenzo Gafa, 1693–1702, erbauten Barockkathedrale mit ihrer im klassizistischen Stil anmutenden Fassade. Der harmonisch proportionierte Innenraum unter einer gewaltigen Kuppel wies reiches Dekor auf und überwölbte die im Kathedralboden mit bunten Marmorintarsien verzierten Grablegungen der verstorbenen Bischöfe. Trotz ihrer Kunstwerke werden die Kirchen Maltas von einer geheimnisvollen Atmosphäre beherrscht, die zur Besinnung und zum Gebet einlädt. Beim Verlassen der Kathedrale warf ich einen Geldschein in die Opferbüchse. Der aufmerksame Mesner überreichte mir die Fotographie des Marienbildes des Hochaltars. Ich überquerte den Erzbischofsplatz und betrat das Kathedralmuseum. Der Kassier machte mich besonders auf die Münzsammlung im ersten Stock und die Sammlung der Holzschnitte von Albrecht Dürer aufmerksam. Ich ging an den Schaukästen mit päpstlichen Bullen und punischen und römischen Funden vorbei und betrat dann einen großen Raum mit vielen Vitrinen, in denen Münzen aus dem ganzen Mittelmeerraum seit den Phöniziern bis ins moderne Europa chronologisch mit Beschriftung zu betrachten waren. Sie gewährten einen Einblick in die Entwicklung der Zahlungsmittel durch die Jahrhunderte. »Eine einmalige Unikatsammlung, die Sie sonst nirgendwo finden«, sagt mit Stolz der Museumswärter. Über die große Sammlung von über 300 Dürer-Holzschnitten und -Radierungen war ich überrascht. Wahrscheinlich hatten den Erzbischöfen Dürers biblische und weltliche Bilddarstellungen in ihrer Klarheit und Wesentlichkeit gefallen. Beim Gang durch das weitläufige Museum stieß ich auch auf Räume mit maltesischen Komponisten und Staatsphilosophen, die anscheinend nur vor Ort bekannt sind.

Zwischen Mdina und Rabat liegt eine ausgegrabene römische Villa. In ihrer Nähe befinden sich Überreste von griechischen und kathargischen und römischen Gräbern. Im Atrium des Hauses sah ich ein farbenfrohes Bodenmosaik eingelassen, dass gegenüber der Totenwelt auf das Leben verwies. Ich wanderte durch die ausgestorbene Hauptstraße nach Rabat. Die Plätze und Orte, die auf die Wirkung und Missiontätigkeit des Apostels Paulus hinwiesen, waren nur von wenigen Touristen besucht. Dies empfand ich wohltuend; denn die Stimmung der Orte konnte ich so ungestört auf mich einwirken lassen. Zum Schluss betrat ich den Saal einer großen Taverne. An den wuchtigen Holztischen saßen die alten und jungen Männer des Ortes in der Kühle des Gasthauses vor der Tageshitze und tranken ihr Glas Kennie oder ihre Tasse Kaffee. Ich setzte mich an einen freien Platz und kam nach einiger Zeit mit ihnen ins Gespräch. Ich erzählte, woher ich kam. »Ah, Deutschland«, sagten sie. Dann tausche ich meine Besichtigungserfahrungen mit ihnen aus. »Sie haben einiges gesehen: Stadt, Regierungssitz, Kirchen und archäologische Orte. Sie müssen wieder kommen und noch die anderen Orte besichtigen und sich vor allem das Haus der Inquisition in Vittoriosa ansehen. Dann haben sie alles gesehen, was Malta einst beherrscht hat. Wir sind froh, dass wir eine demokratische Regierung haben und dass die Menschenrechte beachtet werden. Wir brauchen keine Angst mehr vor der Inquisition und ihrer heimlichen Verhaftung zu haben.« Ich nahm ihre Sätze auf und erkannte, wie die Vergangenheit noch bis heute nachwirkt. Dann verabschiedete ich mich und bemerkte ihre traurigen Augen, dass sie zurückbleiben mussten.

Am Abend saß ich im Restaurant am St.-Julian's-Point, das

157

in dem alten Wehrturm des Johanniterordens eingerichtet wurde. Mit einigen Bekannten, die ich auf Malta getroffen hatte, aßen wir gute Fischgerichte, die aus »Lampuka«, dem sogenannten ›maltesischen Fisch‹ gemacht waren. Mein Blick ging aufs Meer und auf den gegenüberliegenden St. Julian's Bay, dessen Uferstraße von den Straßenlaternen markiert wurde. Wir tauschten unsere Erlebnisse aus und genossen den Abend angesichts des dunkel werdenden Mittelmeer. »Was hat die Insel durch die Jahrtausende geprägt?« fragt einer aus der Runde. »Die Religion der Muttergottheit, die in der Marienverehrung weiter fortgesetzt wird.« – »Das stimmt zum Teil, denn die Katholische Kirche versteht sich in Christus als Erlösungsreligion und betont auch männliche Heilige, so Joseph, Franz von Assisi u.a.«, erwiderte ein anderer. Wir wechselten das Thema und kamen auf Politik zu sprechen. »Die Inselverwaltung durch den Johanniterorden wurde durch eine demokratische Regierungsform ersetzt, die immer wieder neu vom Volk gewählt wird.« sagte eine Frau am Tisch. »Dies ist ein Fortschritt. Zwar bleibt das Gegenüber von Regierung und Volk; doch nicht mehr so wie zur Zeit der Ordensmeister, als diese noch unumschränkt herrschen konnten und sich die Gunst des Volks erkauften, wenn sie an Festtagen Dukaten unter es warfen. Heute muss die Regierung über ihre Finanzen Rechenschaft ablegen.« – »Es ist gut so, dass die Ideen der Französischen Revolution unblutig auch die Malteser ergriffen haben, so dass sie in Freiheit bestimmen können.« – »Wir haben die Inquisition vergessen. Zwei der Großinquisitoren sind Päpste geworden. Die Inquisition hat das Volk diszipliniert und Leute, die der Religion zuwiderhandelten, bestraft.« – »Die Inquisition lebt fort in der Staatssicherheit der Diktaturen und in der Geheimpolizei.« – »Die Polizei ist heute eine notwendige Ordnungsmacht. Sie garantiert die Sicherheit angesichts der jetzt überhandnehmenden Terroranschläge.« – »Mit der Erinnerung an die Politik verderben wir uns den doch ereignisreichen und interessanten Aufenthalt auf Malta«, warf eine Frau in die Gesprächsrunde. Die Runde schwieg und blickte aufs Meer. Dann erhob einer sein Glas: »Prost auf die schönen Tage. Malta, wir werden wiederkommen.«

Eigenartig, ich hatte das Gefühl, ich mochte Malta, seine Kultur, seine Landschaft, das Mittelmeer und sein Essen. Doch mir fehlte die Sprachbeherrschung des Malti, um ohne Probleme mit den Einheimischen sprechen zu können. Gewiss gibt es das Englische als Verständigungsmöglichkeit. Doch diese Sprache ist für die Einheimischen etwas Fremdes. Sie ist nicht ihre Ausdrucks- und auch nicht ihre Denkwelt, in der sie zu Hause sind. In Malti sind die Einheimischen groß geworden und können sich in ihm aussprechen und auch zeigen. Mir ging auf Malta auf, wie sich Fremde in Ländern, deren Sprache sie nicht sprechen und verstehen können, fühlen. Sie können freundlich und nett sein, trotzdem bleiben sie ohne Sprachkenntnis vom Leben und Denken und Fühlen der Einheimischen ausgeschlossen. Erst durch die gemeinsame Sprache entsteht auch Gemeinschaft. In seiner Muttersprache ist jeder zu Haus. Die Muttersprache ist eigentlich die Heimat und nicht so sehr das Land.

Um mehr von Malta und seinen Bewohnern zu verstehen, beschloss ich, für einen weiteren Besuch etwas Malti zu lernen.

Hamburg

Wodurch weckt manche Stadt die Sehnsucht, sie zu besuchen? Vielleicht durch Erzählungen oder durch den Wandertrieb, der den Menschen beherrscht. Aufgrund der Gehirnforschungen wissen wir es. Schuld sind die Spiegelneuronen im menschlichen Gehirn. Es gibt eine Stelle im Gehirn, die für die Kommunikation des Menschen mit anderen Menschen und mit der Außenwelt zuständig ist. Gehirnforscher stellten bei Kleinkindern fest, dass sie versuchen, das Lächeln der sie anlächelnden Mitmenschen wiederzugeben. Ja, sie strecken die Zunge heraus, wenn sie es bei ihrem Gegenüber so sehen, und sie ziehen ebenso Grimassen, wenn sie ihnen vorgemacht werden. Der Mensch spiegelt im Kontakt seinen Mitmenschen und kommuniziert so mit ihm. Die Natur, besser gesagt die Gene wie auch die Gehirnphysiologie, haben den Menschen dazu ausgestattet, sich in seiner Umwelt zurechtzufinden und auf sie einzugehen und mit ihnen zu handeln.

Wahrscheinlich sind meine Spiegelneuronen für mein Interesse an Hamburg verantwortlich. Ich hatte als Zwölfjähriger die Abenteurer des Seeräubers Störtebecker gelesen. Er war ein verwegener Kapitän und hatte mit seinem schnellen Schiff und seiner kampferprobten Mannschaft den Handelsschiffen der Hamburger Kaufleute schwer zugesetzt und ihnen immer wieder ihre Handelsware abgejagt. Auch von den Hamburgern ausgerüstete Flottenverbände konnten ihm nichts anhaben. Er entkam ihnen immer wieder. Doch eines Tages bekamen sie ihn durch Geschick zu fassen. Er wurde hingerichtet. Doch vor der Hinrichtung erbat er sich, nach seiner Köpfung noch gehen zu dürfen, um so einige seiner Mannschaft vor dem Tod zu retten. Er soll neun gerettet haben. Bis ihm der Henker den Fuß stellte. Seitdem begeisterte mich die Seefahrt und vor allem der Hamburger Hafen mit seinen großen Überseeschiffen. Vielleicht war es auch der Hamburger Fußballverein, der mit einem der ersten deutschen Vereine am europäischen Fußballwettbewerb teilnahm. Im Fernsehen habe ich damals, als ich mich für Fußball interessierte, ein Spiel von ihnen gesehen. In Erinnerung ist mir geblieben, dass die Spieler aufopferungsvoll mit Eins zu Null in Barcelona verloren hatten und im Heimspiel sogar mit Zwei zu Null bis kurz vor Ende gegen Barcelona führten und dann unglücklich noch ein Gegentor kassierten. Es war ein gutes Spiel.

Nun entschloss ich mich, mit meiner Frau die Hansestadt Hamburg für einige Tage zu besuchen. Verwandte meiner Frau hatten uns zu einem Gegenbesuch eingeladen. Wir kamen nach einer interessanten Bahnfahrt durch Deutschland am Spätnachmittag an. Als wir den Bahnhofsplatz betraten, kamen zwei junge Mädchen auf uns zu: »Wissen Sie, welche Straße wir nach St. Pauli gehen müssen? Wir wollen uns unbedingt die Reeper-

161

bahn ansehen.« Ich antwortete: »Da drüben steht ein Polizist, der kann es Ihnen sagen; denn wir sind nicht von hier.« Meine Frau meinte: »Das fängt schon gut an. Jung sind diese Mädchen und haben schon solche Gedanken im Kopf.« Die Verwandten brachten uns mit ihrem Wagen zu sich. Dann besprachen wir mit ihnen, dass wir gerne allein die Stadt besichtigen und ihnen keine Umstände machen wollten.

Die Verwandten gaben uns einen Stadtplan und empfahlen uns: »Vom Rathaus aus lässt sich am besten die Stadt mit ihren Sehenswürdigkeiten und Kaufhäusern erkunden.« Wir machten uns auf den Weg. Wir bewunderten diesen mächtigen symmetrisch angelegten Rathausbau. Im Sinne des Historismus wurde er ab 1886 im Stil der Neorenaissance errichtet. Die Menschen des 19. Jahrhunderts waren rückwärtsgewandt, obwohl die aufkommende Industrialisierung den Fortschritt betonte. Mein Eindruck ist, dass die Menschen des 19. Jahrhunderts den schnellen technischen Fortschritt nicht geistig verarbeiten konnten und deshalb in einer Spannung zwischen Alt und Neu lebten. Sie wollten lange gerne das althergebrachte bewahren, anstatt sich dem Neuen zu öffnen.

Wir beschlossen an einer Rathausführung teilzunehmen, um so auch etwas über die Stadtgeschichte der Hansestadt zu erfahren. Der große Rathauskomplex ruht auf 4000 Eichenpfählen. Der 112 Meter hohe Turm markiert das Zentrum der Rathausfassade. Das Bauwerk ist 112 Meter lang und 78 Meter breit und wurde im Krieg kaum beschädigt. Die beiden großzügigen Treppenaufgänge symbolisieren die Zweigeteiltheit des gesamten Gebäudes wie auch der Politik der Hansestadt. Im Ostflügel sind die Räumlichkeiten der Bürgerschaft und im Westen der Senat. Der Bau zeugt von Hamburgs Reichtum. Die Deckenmalerei zeigt in einer Folge das Leben eines Hamburger Bürgers von der Wiege bis ins hohe Alter. Den Bürgereid durfte bis 1918 nur derjenige schwören, der 1 200 Goldmark im Jahr versteuern konnte. Damit wurde die soziale Schichtung in der Stadtgesellschaft unterstrichen. Zu den Lebensinhalten eines Hanseaten zählte nach Aussagen der Deckengemälde neben Familienleben, Handel, Kunst und Wissenschaft auch die Weltoffenheit. Es lohnt sich, durch die repräsentativen Räume und Säle zu gehen und ihre Atmosphäre und Ausstattung auf sich wirken zu lassen. Sie sind mit vielfältigen Holzarbeiten und kunstreichen Intarsien verziert. Die Gemälde und Kunstwerke sind Stiftungen wohlhabender Hanseatischer Kaufmannsfamilien. Kurz vor der offiziellen Einweihung des Rathauses weilte Kaiser Wilhelm II. im Jahre 1895 im Rathaus, so dass seitdem der große Raum, den er besuchte, als Kaisersaal bezeichnet wird, dessen monumentales Deckengemälde den »Triumph der deutschen Flagge« zeigt. Er wird heute als Speisesaal für offizielle Essen von Senat und Bürgerschaft genutzt. Im Turmsaal wird der traditionelle Neujahrsempfang des Bürgermeisters abgehalten.

Der Besuch des Rathauses gewährte einen Einblick in den Geist der Hansestadt. Ein Spaziergang über die Adolphbrücke am Alsterfleet führte unter die südländisch anmutenden Alsterarkaden und lud zu einem guten Kaffee und Kuchen ein und bot eine herrliche Aussicht über die Kleine Alster mit ihren Schwänen und einen Blick auf das Rathaus.

Ein architektonisches Kleinod bildet die Mellin-Passage, die den Alsterfleet mit dem Neuen Wall verbindet. Der Weg unter den Alsterarkaden wies zu einer von Hamburgs bekanntesten Straßen, dem Jungfernstieg, und weitete den Blick auf die seeartige Fläche der Binnenalster mit der hohen Fontäne. Entlang der Straße sind Modehäuser, Juwelierläden und ein Luxushotel aufgereiht. Die Große Bleichen weist in das Stadtzentrum mit seinen ausgedehnten Einkaufspassagen und dem traditionsreichen Hamburger Hof. Ein Hamburger, der uns beim Studium des Stadtplans beobachtete, meinte: »Hier befinden sich die meisten überdachten Einkaufswege Europas. Bei schlechtem Wetter können Sie stundenlang im Trockenen Schaufenster anschauen und bummeln gehen. Übersehen Sie nicht die schlichte Fassade, hinter der sich das bekannte Ohnesorgtheater befindet, in der nur die Volksstücke in Plattdeutsch aufgeführt werden und nicht, wie bei einer Fernsehübertragung, in fast hochdeutscher Version. Ich wünsche Ihnen viel Spaß in Hamburg.«

In Sichtweite des »Michels« mit seinem 132 Meter hohen Kirchturm als Wahrzeichen Hamburgs befinden sich die Krameramtswohnungen. Das sind eng gedrängte Fachwerkhäuschen. Sie sind eine Stiftung des Krameramts aus dem Jahr 1676 für die Not leidenden Witwen der Kleinhändler, also auch eine Sozialsiedlung für Arme. Sie bilden die letzte zusammenhängende Wohnbebauung Hamburgs aus der frühen Neuzeit, die nicht durch den furchtbaren Bombenhagel der Alliierten während des II. Weltkrieges zerstört wurde. Heute sind in den Häuschen, gekennzeichnet durch Buchstaben, ein Atelier und eine Außenstelle des Museums Hamburgischer Geschichte und anheimelnde Lokale untergebracht.

Die mächtige St.-Michaelis-Kirche wurde anstelle mehrerer kleiner Kirchenbauten erst 1762 in ihrer heutigen Form erstellt, und 1786 wurde der hohe Kirchturm errichtet. Nach dem Brand von 1906 wurde die Kirche nach den Plänen des Baumeisters Ernst Georg Sonnins wiederaufgebaut. Die Kirche symbolisierte den Überlebenswillen der Stadt. Die Tür des Haupteingangs zeigt den Erzengel Michael, der im Zeichen des Kreuzes die Gestalt des Satans als Element des Bösen besiegt. Eine in der Turmhalle eingelassene Gedenktafel erinnert an die Besatzung des Schulschiffes »Admiral Karpfangers«, das 1938 unterging. Der barockisierte Kirchenraum, 71 Meter lang und 51 Meter breit, fasst 2 550 Sitzplätze, die aus Teakholz gefertigt sind. Der Blick wird auf den 20 Meter hohen Altar aus Marmor mit dem Glasmosaik des auferstandenen Christus und dem Abendmahlsrelief gerichtet. Die schiffsförmige Kanzel aus Marmor mit ihrem reich verzierten Schalldeckel ragt weit in den Raum. »Den Taufstein aus weißem Marmor haben Hamburger Kaufleute 1763 in Livorno für ihre Kirche erworben. Im selben Jahr entstand der schmiedeeiserne ›Gotteskasten‹ für die Kollekte am Südostpfeiler«, erzählte uns mit Stolz der Mesner und bedauerte: »Die einst größte Kirchenorgel der Welt mit 163 Registern und 12 173 Pfeifen, ein Geschenk der Godeffroy-Familienstiftung, wurde im II. Weltkrieg vernichtet. Die jetzige Orgel ist nur halb so groß. In der Kirchengruft liegt neben anderen bedeutenden Hamburgern auch der Sohn Johann Sebastian Bachs, Carl Philipp Emanuel, begraben. Schauen Sie sich nur alles an.« Nach dem Verlassen der Kirche sahen wir das ansprechende Luther-Denkmal an der Nordseite des Turms.

Wir spazierten zum Alten Elbepark, in dessen Mitte sich die 34 Meter hohe Kolossalfigur des ersten deutschen Reichskanzlers Fürst Otto von Bismarck, 1815–1898, erhebt. Ein Komitee Hamburger Bürger ließ 1903–06 das Bismarck-Denkmal errichten. Es war die Zeit des Bismarck-Kultes im II. Deutschen Kaiserreich. Die Statue ist aus Granit gehauen und erinnert an ein mittelalterliches Roland-Standbild. Sie soll sowohl die schützende Hand des Reiches über die Seefahrt und den Überseehandel symbolisieren, als auch den damaligen imperialen Anspruch der Hafenstadt als »Tor zur Welt« ausdrücken. Beim Betrachten des großen Bismarcks wurde mir die Bedeutung der Gedächtniskultur bewusst. Das Denkmal erinnert an Deutschlands Größe im 19. Jahrhundert und mahnt die nachfolgenden Generationen, im Sinne der Väter weiterzuarbeiten.

Am Abend führten uns die Verwandten ins Zentrum des Hamburger Vergnügungsviertels St. Pauli. Sie meinten: »Ihr müsst es gesehen haben. Denn es verändert sich ständig und verliert seinen alten Charakter und seine Besonderheit. Es gib Pläne, es abzureißen und eine Wohnanlage zu errichten.« Die Reeperbahn, deren Name vom Arbeitsplatz der Reepschläger, der Seil- und Tauwerkmacher, kommt, ist eine mit Neonreklame erhellte Straße, in der wirklich die Nacht zum Tage wird. Von der rechten Straßenseite grüßt das »Café Keese«, berühmt mit Damenwahl und Tischtelefon. Links beginnt das Gebäude mit dem Operettenhaus mit seinen erfolgreichen Musicals. Die vielen hell erleuchteten Kneipen, Tanzpaläste und Livemusik-Clubs sind schwer sich zu merken. Doch soviel haben wir mitbekommen, dass zum Kiez heute bayerische Blasmusik, südamerikanische Rhythmen, Shanties, Discos mit Rock- und Techno-Musik dazugehören. Ja sogar Melodien aus intimen Künstlertreffs erklangen, das Sowjetlokal Gorki Park und ebenso das Spielkasino lockten zum Besuch. Die Verwandten wehrten ab: »Die Lokale sind von außen schöner anzusehen als von innen. Nehmt diese Eindrücke mit, denn sie stellen eine reizvolle Verbindung von Freizügigkeit, Kultur und fröhlichem Nachtleben dar.«

In einer Seitenstraße der Reeperbahn konzentrieren sich die größeren Sex-Shows der »Großen Freiheit«. In ihr ist noch ein Stück der althergebrachten Atmosphäre der »Sündigen Meile« erhalten geblieben. In dieser Straße hatten einst die Beatles ihre Weltkarriere begonnen. Im Haus Nr. 7 wurde neuerdings dem Hamburger Schauspieler Hans Albers ein Museum eröffnet. »Auch hier hat sich gute Kunst etabliert und im Art-Museum werden mehr als 500 Gemälde, Zeichnungen und Plastiken aus dem Gebiet der erotischen Kunst von weltbekannten Künstlern gezeigt«, fügten meine Verwandten hinzu. In einem gemütlichen Lokal wurden noch einige Biere getrunken und wir sprachen über das Gesehene.

Wir besuchten am folgenden Tag den Hafen und begannen bei der St.-Pauli-Landungsbrücke. In den Räumen der Touristen-Information befindet sich Deutschlands einziges historisches Auswandererbüro, in dessen Archiv alle Emigranten zwischen 1850 und 1934 erfasst worden sind. Natürlich hätten wir über unsere Vorfahren, die ausgewandert sind, nachforschen können. Doch wir entschlossen uns zu einer Hafenrundfahrt, um den Hamburger Hafen besser kennenzulernen. Es war Kaiser Friedrich Barbarossa, der 1189 die Entwicklung des Hafens einleitete und in einem Freibrief den Hamburgern die Zoll- und Abgabefreiheit für die Unterelbe zugestand. Jedes Jahr wird der Hafen-Geburtstag mit einem Volksfest gefeiert. Es war schon imposant, darüber informiert zu werden, dass wegen der mangelnden Tragfähigkeit des Sumpflandes die heutige Speicherstadt wie auch das Rathaus auf tausenden von eingerammten Eichenpfählen erbaut wurde, die bis heute nicht ersetzt wurden. Der Ausbau zum modernen Großhafen geschah ab 1864 durch Reeder und Kaufleute, die mit ihrem Unternehmergeist und ihrer Organisationsfähigkeit maßgeblich Anteil daran hatten. Die Fahrt führte vorbei an der Werft »Blohm und Voss«, in deren Docks Überseeschiffe gebaut und überholt wurden, zum Containerhafen.

Nach der Hafenbesichtigung aßen wir erst einmal frischen Seefisch, der nur hier besonders gut schmeckt. Dann wanderten wir zur Deichstraße, die eine der wenigen geschlossenen Straßenzüge aus der Vergangenheit ist und den Brand, die Modernisierungsmaßnahmen der Stadt und das Bombardement des II. Weltkrieges nahezu unbeschadet überstand. Die Häuser stehen in alter Pracht aus Backstein mit Barockfassaden und Volutengiebel. Von dem Nikolaifleet bietet sich ein Blick auf die Rückseite der Häuser, die teilweise in Fachwerk gehalten sind und großenteils mit Luken und Aufzugrollen direkt über dem Wasser versehen sind. Das Nikoleifleet diente im Mittelalter als Hafen. Doch waren die Fleete neben Wasserstraßen auch Abwasserkanäle, wie auch Quelle für Wasch- und Trinkwasser sowie für Brauwasser für die meisten der renommierten Bierbrauereien Hamburgs. Ein Hamburger, der uns etwas über den Nikolaifleet erzählte, meinte: »Auch im Mittelalter hatte das Nützlichkeitsdenken der Wirtschaft Vorrang vor dem Wohlergehen der Menschen. Es hat sich nichts geändert in diesem Punkt. Die von der Stadt beauftragten ›Fleetkieker‹ überwachten, dass keine Tierkadaver, Steine und kein Mist in die Kanäle geworfen wurden. Dies hätte nur der Schiffbarkeit der Kanäle geschadet. Auf die Gesundheit der Bevölkerung wurde wenig geachtet. Die 1892 ausgebrochene Cholera-Epidemie forderte 86 000 Menschenleben. Lassen wir dieses traurige Kapitel. Schauen Sie sich noch den Hopfenmarkt an.« Wir überquerten die verkehrsreiche Ost-West-Straße und gelangten zum historischen Hopfenmarkt, auf dem der »Vierländerin-Brunnen« von 1878 steht. Er erinnert an die »Vierländer«, die die Hamburger Obst- und Gemüsemärkte belieferten. Als ›Vierlande‹ wurden die fruchtbaren Flussmarschgebiete bezeichnet, bestehend aus vier alten Gemeinden, die jahrhundertelang Lübeck und Hamburg gemeinsam besessen hatten. Eine Inschrift verkündet die Lebensweisheit: »Am Markt lernt man die Leute kennen«.

Die Ruinen der alten Nikolai-Kirche mit ihrem noch hochragenden Turm von 145 Metern sind nicht weit entfernt. Das Kirchenareal ist heute Mahnmal für den Frieden und Gedenkstätte für die mehr als 50 000 Opfer der Luftangriffe allein in Hamburg. Die Glaspyramide führte in das alte Kellergewölbe, in dem sich nicht nur eine Dokumentation über die Zerstörung Hamburgs, sondern auch Coventrys, England, und Warschaus, Polen, befindet. Deutlich wurde, wie furchtbar der II. Weltkrieg in Europa gewütet hatte. Die Dokumentation mahnt: »Menschen mögen dies nicht vergessen.« Das silberne Nagelkreuz aus

Coventry an der Wand auf violettem Grund erinnert als ein zukunftsweisendes Symbol an Versöhnung und Friede.

Wir hatten festgestellt, dass die Innenstadt von Hamburg durch die vielen Kirchtürme, Kaufhäuser und Kaufpassagen bestimmt wurde. Sie erscheinen als das markante Wahrzeichen der Stadt. Wir überquerten an der Trostbrücke den Nikolaifleet, der im Mittelalter Hamburgs Hafen war und gleichzeitig die Grenze zwischen Neu- und Altstadt bildete. Auf der Brücke stehen sich als Statuen gegenüber der Erzbischof Ansgar, der im 9. Jahrhundert die »Hammaburg« zu seinem Bischofsitz machte, und Graf Adolf II. von Schauenburg, der Begründer der Neustadt. Damit wird ausgedrückt, dass weltliche und geistliche Macht die Stadt prägen. Ja, die Menschen haben in sich beide Mächte zu vereinen und sich von ihnen als gute Bürger bestimmen zu lassen. Nur so herrscht ein guter Geist in der Stadt, der gemeinsam für das Gemeinwohl der Stadtgesellschaft sorgt.

Wir ließen uns anhand des Stadtplans zur St.-Katharinen-Kirche führen. Wir betraten die im Stil der Backsteingotik errichtete dreischiffige Kirche aus dem 14./15. Jahrhundert. Sie ist, wie fast jede Kirche, ein Ensemble der verschiedenen Baustile der Jahrhunderte. Der Kirchturm trägt einen barocken Turmhelm und ebenso barock ist die Westfassade. Im Inneren sind aus der Zeit der Spätrenaissance wertvolle Grabdenkmäler und Epitaphe, die gegen das geschichtliche Vergessen ankämpfen und von der christlichen Auferstehung am Jüngsten Tag sprechen. Selbst im Tod zeigen die einst reichen Hamburger Bürger durch ihre prunkvollen Grablegungen noch ihre Eitelkeit. Anscheinend machte der Tod für sie doch nicht alle gleich. Aus dem frühen Mittelalter sind noch zwei Kunstwerke vorhanden, der Corpus des Kruzifixes um 1300 und eine heilige Katharina aus dem 15. Jahrhundert. Durch ihre Schlichtheit und durch die roten Ziegelsteinsäulen mit den weißen Wänden lädt die Kirche zur Stille und Meditation ein. Es finden sich immer Menschen zum Gebet ein.

Von der Katharinen-Kirche führte eine Brücke zu der gegenüberliegenden Brookinsel, die Wohnstadt für die Hafenarbeiter, Lagerplatz und auch Wohnort der zahlreichen Kaufleute. Ab 1888 wurde die Gegend umstrukturiert und zu einer Speicherstadt ausgebaut, die 2003 ihren Freihandelsstatus verlor, so dass ein ungehinderter Zugang von der traditionellen City zur zukünftigen modernen »Hafencity« möglich ist. Hier zeigt sich das neue Hamburg des 21. Jahrhunderts mit seinen attraktiven Wohnappartements, Kaufhäusern, sogar einer Kirche und einer als Glaspalast erscheinenden Philharmonie. Beeindruckend ist die sehenswerte Backsteinarchitektur der Kontorhäuser mit ihren riesigen Lagerkapazitäten. Die Lastenkähne und Eisenbahnen sind längst verschwunden und vom Lastkraftwagen verdrängt. Auffallend erscheinen einige Straßennamen, so »Pickhuben«, was Pechhauben heißt, mit denen einst die Köpfe der Verbrecher bedeckt wurden, die zur Hinrichtung auf den Großen Grasbrook geführt wurden. Hier wurde auch der gefürchtete Seeräuber Störtebecker 1400 hingerichtet. Eine Statue zeigt ihn als gefesselten wild dreinschauenden Mann. Heute wird all dies wieder verlebendigt im Hamburger Dungeon, Kehrwieder 2. In dem 2 200 Quadratmeter großen Greuel-Kerker wird mit furchterregenden Effekten die Geschichte nachgespielt. Die Zeitreise beginnt mit den Schrecken der Pest, Inquisition, Folter, Exekution und endet mit dem großen Brand von 1842. Anscheinend braucht die neue Hafencity-Stadt diese Erinnerung an die geschichtliche Vergangenheit, um nicht als geschichtsloses und traditionsloses Gebilde dazustehen.

Nachdem wir viel besichtigt hatten, beschlossen wir für den nächsten Tag eine Ausflugsfahrt mit dem Schiff auf der Elbe.

Dazu zogen wir uns warm an, denn es bläst manchmal eine steife Brise auf dem Fluss. Wir saßen auf dem Deck und beobachten die vielen großen Schiffe und Kräne links und rechts der Fahrrinne. Nach dem Verlassen des Hafens ging es bergab zur Mündung der Elbe in die Nordsee. Auf dem rechten Elbufer erblickten wir eine bewaldete Hügelkette mit vornehmen Häusern und Villen. Dann genossen wir den weiten Blick auf das fruchtbare Marschland. Wohltuend für die Seele erschien der weite Horizont, an dem sich Wasser, Land und Himmel berühren. Es war faszinierend, dem Spiel der Wolken zuzusehen. Verständlich, dass Menschen gerne zum Reisen aufbrechen, um ein Sinnbild ihrer inneren Befindlichkeit in der Landschaft zu sehen. So haben für manche die See und vor allem der Blick auf den weiten Horizont etwas Beruhigendes und Erfüllendes. Für andere wiederum spiegeln die schroffen abfallenden Berghänge ihre innere Zerrissenheit wider. Nicht die sich auftürmenden Berge erheben sie, sondern die herabstürzenden Gesteinshänge treffen ihre seelische Situation. Wir erholten uns und ließen uns vom Schiff in die weite Ferne fahren. Die Gedanken fühlten sich in dieser Weite frei und ungebunden und keineswegs eingeengt wie in der Stadt durch die Straßenschluchten, und mit den vielen Blickreizen bombardiert. Die frische Seeluft machte hungrig. Im holzgetäfelten Schiffsrestaurant kosteten wir Fisch und tranken dazu einen leichten Weißwein. Wir blickten aus den Fenstern auf das dunkelschwarzblaue, vom Wind bewegte Elbwasser. Ab und an fuhr ein Ozeanschiff an uns vorbei nach Hamburg und ließ durch seine Wellen unser Schiff schaukeln. Nach zwei Stunden wendete unser Schiff und fuhr mit Kraft flussaufwärts. An Deck zeigte sich ein anderes Landschaftsbild. Die Stadt am Horizont zog uns an. Zunächst waren es die hohen Kräne, die unsere Aufmerksamkeit auf sich lenkten, dann die Kirchtürme Hamburgs, vor allem der von St. Michael. Wir spürten, wie der

Hafen, dessen Kaie uns wie große Arme erschienen, uns empfing. Am Anlegeplatz waren wir wieder Stadtmenschen.

Die Abreise nahte. Wir beschlossen, den Tag noch mit einem Museumsbesuch auszufüllen und dann den Nachtzug zum Heimatort zu nehmen. Wir stellten unser Gepäck in ein Schließfach des Hauptbahnhofs. Dann folgten wir der Beschilderung am Bahnhofsplatz zur Kunsthalle, die am Glockengießerwall liegt. Eigenartig, dass auch hier die Kunsthalle im historisierenden Stil der italienischen Renaissance errichtet wurde. Die Sammlung im Inneren des Gebäudekomplexes gehört zu den bedeutendsten im deutschsprachigen Raum. Zahlreiche Werke der deutschen Malerei des 19. Jahrhunderts sind zu sehen, so von Caspar David Friedrich, Max Liebermann, Philipp Otto Runge, Adolph von Menzel und Wilhelm Leibel. Es ist gut, diese Gemälde in Ruhe studieren zu können. Die Originale in ihrer Größe und Farbgebung scheinen aussagekräftiger und beeindruckender zu sein als ihre Wiedergaben in den Katalogen. Vor einem Caspar-David-Friedrich-Gemälde verweilten wir längere Zeit und meditierten seine Aussage. Deutlich wurde uns, der Künstler hat sich mit seiner Lebensgeschichte und mit der Geschichte seiner Zeit eingebracht und will durch sein Gemälde mit uns darüber ein Gespräch führen. Immer wieder hat Caspar David Friedrich das Motiv des Schiffes in seinen Gemälden variiert. Leider ließ sich der Künstler nicht mehr nach seinen Gedanken befragen, ob er mit dem Schiff Ausdruck der Reise, der Lebensreise oder Aufbruch in die Zukunft nach Neuem meinte. Wir mussten uns mit dem Bild auseinandersetzen, hören, was es uns sagen wollte und welche Gedanken dabei in uns aufkamen. Auch die Kunst des 20. Jahrhunderts mit hervorragenden Werkgruppen von Emil Nolde, Otto Dix, Max Beckmann und Oskar Kokoschka, Paul Klee und Pablo Picasso war zu sehen. Bilder aus einer Zeit, die sich bewusst gegenüber dem Alten abhob und etwas vom neuen Menschen des beginnenden 20. Jahrhunderts ausdrückte. Die Künstler versuchten, in den Bildern ihre Zeit und ihre Menschen zu spiegeln. Zahlreich waren die Gemälde der französischen Malerei, die uns einen Einblick in die französische Sichtweise der Dinge, der Natur und der Menschen gaben.

Während unseres Besuches in Hamburg konnten wir uns die große Kunstausstellung aus China anschauen. Für uns war es etwas Einmaliges, die Gemälde der chinesischen Malerei des 20. Jahrhunderts betrachten zu können. Wir, die wir die Bilder der chinesischen Buchmalerei mit ihren filigranen Zeichnungen kannten, waren über die plakative Malerei im Dienst des neuen Chinas nach 1945 überrascht. Es sind dynamische Gemälde, die die in die Zukunft stürmende Jugend zeigen. Diese Bilder schienen bei den Chinesen wieder zu Bilderschriften zu werden, um die eindeutigen Botschaften zu verkünden.

Die Kunstausstellung war für uns anregend. Im Museumscafé stärkten wir uns mit Kaffee und Kuchen. Dann traten wir ins Freie und atmeten die von der See kommende frische Luft. Wir gingen zur Lombardsbrücke, die die Alster in die Binnen- und Außenalster teilt. Wir sahen, wie langsam die Lampen um die Binnenalster sich erhellten und sich vom dunkelwerdenden Himmel abhoben, der sich am Horizont noch in schimmernder Bläulichkeit zeigte. Auch das gehört zu Hamburg. Schweigend wandten wir uns dem Bahnhof zu und tauchten ein in eine hell erleuchtete Verkaufswelt. Die Bahnsteige waren gut markiert. Es war ein Kommen und Gehen von Menschen und Zügen. Wir stiegen ein und verließen Hamburg mit guten Eindrücken und Gedanken.

Madrid

Der Fußballclub Real Madrid ist ein Begriff, denn er hat mehrmals die europäischen Fußballwettbewerbe gewonnen und den
Stil des europäischen Fußballs mitbestimmt. Real Madrid spielte
keinen Kraftfußball wie die englischen Clubs, sondern elegant
und fast balletthaft. Solch ein Fußballspiel in den sich hoch
auftürmenden Rängen des Bernabeo-Stadions vor neunzigtau-
send fußballbegeisterten Männern und Frauen, die emphatisch
mitgehen und gekonnte Spielszenen frenetisch applaudieren, zu
sehen, ist ein Genuss an Eleganz und Ballbeherrschung. Spanische Fußballclubs spielen mit Kopf einen effektiven Fußball, der
auch die nötigen Tore zum Sieg schießt. Doch Madrid ist mehr
als Real Madrid. Es ist Spaniens Hauptstadt und liegt inmitten
des Landes, 650 Meter über dem Meer. Es ist mit seinen 400
Jahren als Residenz der spanischen Könige eine junge Regie-

rungshauptstadt im Vergleich zu anderen europäischen Hauptstädten. Trotzdem ist Madrid alt, denn erst nach maurischen Jahrhunderten als Magerit wurde es von Alfons VI. von Kastilien erobert und zur Hauptstadt erhoben.

Alle fühlen sich von dieser lebendigen Metropole magisch angezogen. Wer mit der Iberia-Fluglinie in ihren rot-gelb-rot-gestreiften Flugzeugen auf dem Madrider Flughafen landet, ist weit entfernt vom Stadtzentrum und benötigt fast eine Stunde mit mehrmaligem U-Bahn-Umsteigen, um ins Stadtzentrum, Plaza de Sol, zu gelangen. Von dort lohnt sich der Spaziergang zur Plaza Mayor, dem Hauptplatz von Madrid, der von dreistöckigen Arkadenhäusern umrahmt wird. In der Mitte des Platzes steht das Reiterbild des Königs. Hier auf dem Platz wurden in der frühen Neuzeit noch Opfer der Inquisition verbrannt. Gemälde um 1600 zeigen das Ereignis der Inquisition des Großinquisitors auf dem Platz als Spektakel, dem auf Tribünen die Geistlichkeit, der Adel und von den Balkonen der den Platz umgebenden Häuser die vornehmen Frauen Madrids beiwohnten. Wir können die Mentalität dieser schaulustigen Menschen heute schwer begreifen. Wir wissen heute, dass die Geständnisse durch hochnotpeinliche Befragung der Folter erpresst wurden und dann die »Geständigen« dem Feuer oder Würgeisen übergeben wurden. Die damaligen Menschen waren dabei zutiefst davon überzeugt, zum höheren Ruhm Gottes zu handeln. Was hier einst geschah, wissen die Besucher der Cafés in den Ecken des Platzes kaum.

Fragt einer einen Madrillen in Madrid, was ihm in dieser aus so vielen Häusern auf einer Hochebene angelegten Stadt gefällt, so antwortet er: »Madrid much Madrid« (was soviel bedeutet wie: ›Madrid ist mehr als Madrid‹). Gewiss klingt in diesem Satz etwas Überhebliches des Hauptstädters, wie in den Aussagen aller Bewohner von Hauptstädten. Es wird wieder deutlich, wie schwer eine fremde Kultur und Mentalität zu verstehen sind. Ja, dass Besucher wahrscheinlich nie Einheimische werden können, auch wenn sie noch so gut die Landessprache beherrschen. Sie haben das Umfeld und die Mentalität nicht mit der Muttermilch eingesogen. Es fehlt ihnen das, was mir ein über Jahrzehnte in Madrid lebender Deutsche sagte: »Sie haben nicht den Geist und die Gewohnheiten der Stadt mit der Familie und dem Umfeld praktiziert. Erst ihre Nachkommen werden Einheimische und leben aus diesem nicht erlernbaren Gemeinschaftsgefühl: ›Wir sind Madrillen‹.« Es scheint so zu sein. Eine Multikulti-Gesellschaft gibt es nicht. Vielmehr leben die Kulturen friedlich parallel nebeneinander in einer Stadt und einem Land. Notwendig bleiben für das Einleben des Fremden in eine andere Kultur das Beherrschen der Sprache und die Kenntnis der Volkssitten. Nur so kann man den Gegensatz zwischen den Kulturen überbrücken und in Frieden mit der neuen Umwelt leben. Ein Besucher kann sich dagegen immer als König fühlen, weil er Geld hat und sich mehr in kurzer Zeit leisten kann als Einheimische. Er wird freundlich behandelt werden. Doch die Einheimischen freuen sich, wenn er wieder geht, denn er stört ihr Arbeitsleben durch seine Spaziergänge durch die Stadt.

Madrid scheint heute nicht mehr der bürokratische Wasserkopf, der Sitz von Zensur und Staatspropaganda zu sein wie einst unter dem Franco-Regime, sondern ist aufgrund der konstitutionellen Monarchie eine von siebzehn gleichrangigen Regionen des spanischen Bundesstaates. Gewiss hat Madrid in Barcelona eine Rivalin, so wie Real Madrid in FC Barcelona seinen Rivalen hat. Doch wie im fairen Fußballwettkampf, so wetteifern beide Metropolen jeweils um die besten kulturellen Ereignisse. Trotzdem bleibt Madrid die Hauptstadt.

Madrids Geschäftsleben ist intensiver als in anderen Städten Spaniens. Dennoch geht es am Abend genauso lebhaft zu wie in sonstigen spanischen Städten, in denen aufgrund der Tageshitze erst abends die Menschen einen großen Teil ihres Lebens auf den Straßen und in den Cafés verbringen. Madrid darf nicht mit Klischees gesehen werden. Auch sollen seine modernen Bauten nicht übermäßig bewundert werden, sondern müssen seine sozialen Spannungen erkannt werden, die sich beim Terroranschlag am Bahnhof Atocha am 11. März 2006 zeigten. Die nach Madrid fahrenden Arbeiter, die die Mehrzahl der Opfer waren, begriffen gar nicht, warum ihnen dieser Anschlag galt. Sie sahen sich nicht als Terroristen und in politische Machenschaften verwickelt, sondern sie waren nur Arbeiter. Sie hatten sich nicht, wie früher die Armen und Rechtlosen, in Arbeiterbewegungen und Parteien organisiert und aus der spanischen Hauptstadt nicht das »rote Madrid« gemacht, das Jahrzehnte später in vielen revolutionären Liedern gefeiert wurde. Die Roten wurden verfolgt, der Bürgerkrieg brach aus und die meisten Madrider mussten Hunger leiden. Der Schriftsteller Camilo Jose Cela hatte darüber im Buch »Der Bienenkorb« geschrieben. Dies gehörte nun der Vergangenheit an. Heute ist Madrid eine Weltstadt, die an ihr »Goldenes Zeitalter« anknüpft und ihre Beziehung nach Lateinamerika, dem einstigen spanischen Kolonialreich, ausbaut. Inka-Frauen in ihren farbenprächtigen Trachten mit Hut sind ohne weiteres in Madrids Straßen zu sehen. Es stimmt schon, dass Menschen aus allen Regionen des Landes und aus Lateinamerika in die Stadt ziehen und sich nach einiger Zeit dem Leben der Großstadt und seinem Selbstbewusstsein angepasst haben. Madrid bleibt weiterhin eine offene, gastfreundliche Stadt. Es behandelt die vom Schicksal benachteiligten Katalanen, Basken und alle anderen genauso, als wären sie mitten in der Landeshauptstadt auf die Welt gekommen.

Trotz aller Zuwanderung ist der typische Madrillene nicht verschwunden. Als »madrileno castizo«, als echter, unverfälschter Madrider erscheint er in der Literatur und im Alltagsleben. Er ist an seiner Sprache zu erkennen. Überhaupt gibt es kein einheitliches Spanisch, sondern baskische, katalanische, kastillische, galizische und andalusische Sprachidiome. Selbst die Spanier verstehen einander schwer und die Übersetzer haben ihre Schwierigkeit, die verschiedenen spanischen Dialekte in eine andere Sprache zu übersetzen. Der Madrillene spricht ein Spanisch, betont möglichst alle Silben, dehnt einige lange aus und verlangt von seinen Zuhörern volle Aufmerksamkeit. Ein Madrider zeigt sich selbstbewusst, was durch das spanische Wort »echao p'e« – einer, der sich nach vorne wirft – verdeutscht wird. Es umschreibt seine unternehmerische Art, die alle Dinge kühn angeht und auch das Leben leicht nimmt. Es sieht so aus, dass sich die Leute der Hauptstädte überall witzig, schnelldenkend und etwas zu sicher benehmen. Der Madrillene erregt sich leicht und beruhigt sich aber auch schnell wieder. Wer die Madrillener so auf der Straße beobachtet, wie sie reagieren, schreien, wild gestikulieren und aufbrausend aufeinander losgehen und abrupt innehalten, um jeden körperlichen Kontakt zu vermeiden, begreift, dass sich die Madrider rhetorisch und gestenreich abreagieren, um jede Schlägerei zu vermeiden. Ja, Kenner der Bewohner Spaniens meinen, dass sich hinter einem schwarzen, fatalistisch wirkenden Humor Optimismus und Lebenselan verbergen. Misserfolge führen bei dieser Einstellung zu keiner Verzweiflung. Dies trifft auch auf die Madrillen zu, die ungemein gastfreundlich sein können.

Madrid sucht nicht seine Eigenart wie das Baskenland oder Galizien und Katalanien, sondern sieht sich als Schmelztiegel der Kulturen der anderen Regionen und feiert seine Bräuche und Traditionen. Heute wird in Madrid bedauert, dass nur noch wenige Schuhputzer in den Straße von Madrid zu sehen sind, die mancher sich wünscht, um die staubigen Schuhe zu säubern und blank zu polieren. Ja, um auch den vornehmen Mann gegenüber seinen Mitmenschen zu spielen. Die Straße ist weiterhin eine Theaterbühne für jedermann, auf der doch mancher seine besondere Rolle spielen möchte. Ab und an sind noch Blumenstände zu bemerken, die belebend in den Straßen und Häuserschluchten wirken. Dagegen sind mehr Lotteriebuden an den Straßenecken zu beobachten, die zum schnellen Glück einladen. Blinde stehen daneben und rufen eintönig »para hoy« (= für heute). Diese Blindenlotterie wird von den Behinderten selbst betrieben und ermöglicht diesen den Lebensunterhalt. An manchen Straßenecken haben die »castaneras« ihre Öfen, um Esskastanien zu rösten, die vorzüglich schmecken.

Vom Atocha-Bahnhof ist es nicht weit zum Prado-Museum. Um die Plaza de Cibeles hat Karl III., der einzig gute König aus der Bourbonen-Dynastie, Kultur und Kunst Madrids entstehen lassen. Im Kreis reihen sich das Prado-Museum, das neue Kulturministerium im »Haus der sieben Kamine«, das ein kastilisches Gebäude aus dem 17. Jahrhundert ist, das San-Carlos-Hospital, früherer Sitz der medizinischen Fakultät, und einige noch erhaltene Patrizierhäuser an der Castellna, das Landwirtschaftmuseum, das Parlament, der Botanische Garten und der große Retiro-Park. Ich gehe zum Prado-Museum am frühen Vormittag, um nicht lange in der Schlange warten zu müssen. Sonntags ist der Eintritt kostenlos. Das Prado-Museum ist ein imposant angelegter klassizistischer Bau des Baumeisters Juan de Villanueva, der am 19. November 1819 eröffnet wurde. In den lichtdurchfluteten Räumen gewinnen die doch dicht gehängten Gemälde an Geltung, ohne sich wegen der Enge zu beißen. Die Habsburger und Bourbonen haben, angefangen von Karl V., Philipp II. bis Karl IV., aus Liebhaberei und Prestige, doch ohne wissenschaftliche Gründlichkeit, über 6 000 Gemälde gesammelt. Wer ein systematisch mit wissenschaftlicher

Gründlichkeit angeordnetes Gemälde-Museum besuchen will, der möge in das nicht weit entfernte Thyssen-Barisamente-Museum gehen. Dort findet er nach Jahrhunderten und Stilrichtungen geordnet in den großen lichterfüllten Räumen die wertvollsten Gemälde vom 10. bis 21. Jahrhundert vor. Im Prado ist es anders. Hier ist noch etwas vom persönlichen Geschmack des Kaisers und der Könige anzutreffen. Sie ließen sich von ihrer Vorstellung und vom Angebot des Marktes leiten und kauften direkt von Tizian, Rubens, Velazquez, von Pousin und Claude Lorrain sowie von El Greco und von Goya. Die Außenpolitik der spanischen Könige wie ihre Vormachtstellung in den Niederlanden und Italien ermöglichten den Ankauf der betreffenden Gemälde, ebenso dann aus Frankreich durch die Linie der Bourbonen auf dem spanischen Königsthron.

Der streng katholische König Philipp II., der Sohn Karl V., hatte eine Vorliebe für die symbolhaften Bilder Hieronymus Boschs. Für sie ist eigens ein großer Raum ausgespart. Keine Katalogwiedergabe und auch keine Analysen können den persönlichen Eindruck dieser Bilder mit ihrer unerschöpflichen Gedankentiefe ergründen. Bosch hat die bedrohliche Unruhe des Zeitumbruchs um 1500 mit ihren Zweifeln und Gewissensqualen eingefangen. Der »Garten der Lüste« ist wie ein Flügelaltar nach den drei christlichen Glaubensartikeln aufgebaut. Die Gemälde beschwören unter dem Auge Gottes, angefangen mit der Schöpfung, der Erlösung durch Christus und der Apokalypse, das Pandämonium des Eros zwischen Himmel und Hölle.

Die deutsche Kunst der Reformationszeit ist im Prado zahlreich vertreten. Was sonst sehr selten zu sehen ist, kann hier eingehend studiert werden, so die Lebensstadien von Baldung Grien und vier Dürer-Gemälde. Dürers »Selbstbildnis« in Anlehnung an ein Christusporträt mit den wallend herabfallenden gescheitelten Haaren von 1498 zeigt bereits den autonomen Menschen Dürer der Renaissancezeit. Die Beschriftung unterstreicht die Botschaft des Gemäldes: »Das malt ich nach meiner gestalt/ Ich war sex und zwenzig jor alt.« Seine Paradiesszene »Adam und Eva« verkörpert strahlende Renaissance. Es lohnt sich, vor diesen Gemälden verweilend zu meditieren. Sie sind aussagekräftiger als ihre Detailausschnitte in den Katalogen. Gemälde müssen als Ganzes gesehen werden, um verstanden zu werden. Mit dem Aufstand der Niederländer gegen die Spanier im 17. Jahrhundert brach jeder Ankauf der Arbeiten von Vermeer van Delft, Hals, Terborch ab. Auch englische Gemälde sind nur wenige zu sehen.

Die Leitung dieses Museums wurde Kunsthistorikern anvertraut. Prominentester Prado-Direktor war während des Bürgerkrieges von 1936–1939 Pablo Picasso. Es ließe sich angesichts der hervorragenden Bilder viel über die einzelnen Maler und ihre Auftragsgeber erzählen. Kaiser Karl V. ernannte Tizian 1533 zu seinem Hofmaler. In Augsburg 1548 malte dieser ihn als Sieger »in der Schlacht bei Mühlberg« gegen die protestantischen Reichsfürsten, hoch zu Ross in Rüstung und mit der Reichslanze in der Hand. Dieses Reiterbild drückt den siegreichen Herrscher aus, der mit klarem Blick am Abend über das Schlachtfeld reitet. Kaiser Karl V. verlangte aufgrund seiner Autorität und aufgrund des spanischen Hofzeremoniells natürliche Demuts- und Unterwerfungsgesten und das ehrerbietige Aufblicken seiner Untertanen zum Machthaber. Diese Haltung zu ihren Herrschern und Regierungen haben die Deutschen bis heute beibehalten.

Tizians Gemälde war Vorbild für die Tradition der königlichen Reiterbilder bis Velazquez und Goya. Viele der zu sehenden Goya-Gemälde wie auch seine 500 Zeichnungen drücken die Greuel des Krieges, das Leiden des Volkes unter der Grausamkeit der Soldaten beim Aufstand gegen die napoleonische Armee aus. Goyas Bilder sprechen sein pessimistisches Lebensgefühl angesichts der Umbruchszeit um 1800 aus. Vor allem zeigt sich dies in den »schwarzen« Wandbildern, mit denen er den Speisesaal seiner Quinta des Sordo, Landhaus des Tauben, vor den Toren von Madrid ausschmückte, die jetzt im Prado zu sehen sind. Eines heißt »Die Wallfahrt nach San Isidor« und stellt Szenen des Volkfestes der Madrillen am Ufer des Manzanares zu Ehren ihres Stadtheiligen Isidor dar. Das Bild hält im Vordergrund eine Gruppe mit ekstatischen Gesichtern fest, die inbrünstig zum Spiel eines Gitarristen singt. Im Bildhintergrund gleicht der Zug der Wallfahrer einem Zug von Lemmingen. Irgendwie erinnerte mich Goyas Bild an die Volksaufmärsche der Demonstrationen in den Diktaturen des 20. Jahrhunderts, auf denen die Volksmassen mit aufgerissenen Augen und geöffneten Münder ihre Hoffnungsparolen herausschreien. Goya hat visionär die für den Menschen kommenden Dämonen der folgenden Jahrhunderte in dunklen Farben festgehalten. Dies fiel mir ein beim Betrachten des Bildes »Saturn, der seine Kinder frisst«. Die spanischen Maler haben in ihren Bildern immer den sozialen Aspekt des Alltagslebens festgehalten.

Jeder, der Madrid besucht, sollte einen Tag für den Besuch des Prados reservieren, um wenigstens einige der Bilder aus der Fülle studieren zu können. Ein ganzer Tag genügt nicht, um die Gemälde El Grecos, der mit ›Theotokopoulos‹ (= Volk Gottes) signierte, erfassen zu können. Er war ein Grieche und wird von den Spaniern zu den spanischen Meistern gezählt. Seine Zeichnungen der übergroßen Menschen sind nicht Maßstab für die originalen spanischen Maler mit ihren Bildern aus dem vollen Menschenleben. Tatsache ist, dass El Greco mit seinen mystischen und expressionistisch wirkenden Gemälden – »Auferstehung«, »Pfingstwunder«, »Anbetung der Hirten« – den Ausdrucksrahmen seiner Zeit sprengte und erst für die Künstler der ersten Hälfte des 20. Jahrhunderts wegweisendes Vorbild wurde. Der nobelste spanische Maler ist Velazquez mit seinen pompösen Historienbildern wie der »Übergabe von Breda«. Er ist der Maler des »Goldenen Jahrhunderts« Spaniens und seiner Menschen und deren nobler Gesten.

Ein Museumswärter teilte mir im Gespräch mit: »Die beiden Maler Velazquez und Goya verkörpern den doppelten Charakter Madrids. Sie sehen in den Straßen der Stadt den schlanken höfischen Menschen und den gedrungenen kleinen vom Land. Madrid war ein Bauerndorf, Villa, bevor es Königshof wurde. Die Stadt ist bis heute beides zugleich geblieben.« Dieses Hintergrundswissen muss man haben, um die Bilder tiefer verstehen zu können.

Nach den vielen Kunstwerken ist es gut, in den Botanischen Garten, Jardin Botanico, gleich neben dem Prado zu gehen und sich auf einer Bank auszuruhen, um das Geschaute zu überdenken und einzuordnen. Manchem Museumsbesucher erging es wie mir, dass er nach dem Verlassen des Museums die Umwelt, die Natur und vor allem die Farben neu wahrnahm.

Auf der anderen Straßenseite lohnt es sich in einem fein eingerichteten Restaurant einzukehren und ein typisches spanisches Mahl mit seinen drei Gängen – Vorspeise: cocido madrileno, Hauptgang: torilla espanola und Nachtisch: naranja o flan – und einen guten Rotwein zu sich zu nehmen. Am Abend zeigen sich die Innenstadtstraßen belebt und die Geschäfte sind lange geöffnet. Es gibt Menschenansammlung auf der Straße vor den Glückspielständen. Die Spieler versuchen die Erbse unter den drei schnell verschobenen Streichholzschachteln zu erraten, um so ihren Einsatz zu vermehren. Wie bei jedem Glücksspiel gewinnt die Bank. Beim Auftauchen der Polizei wird alles schnell weggepackt und die vom Wettkampf gezeichneten Gesichter entspannen sich. Spieler und Zuschauer schlendern ungezwungen weiter, als ob nichts gewesen wäre.

Wichtig erscheint mir der Besuch des Museums »Reina Sophia« mit seiner modernen spanischen Kunst und Architektur. Pablo Picasso sind mehrere Räume gewidmet. In einem großen Saal ist sein berühmtes Antikriegsbild »Guernica« zu sehen. Nur durch seine verfremdende Malweise konnte er das Leiden der Menschen, der Tiere und der Natur unter dem Bombenhagel des technischen Krieges des 20. Jahrhunderts wiedergeben. Schweigend verharren die Betrachter vor diesem überdimensionalen großen Bild und seinen von Picasso angefertigten Detailzeichnungen. Mehrere Räume sind dem religiös eingestellten Architekten Antoni Gaudi gewidmet, der in Barcelona den Sakralbau »La sacra familia« privat begonnen hatte, der unvollendet geblieben ist, weil der Architekt nur dann weiterbauen konnte, wenn er wieder Geld hatte. Seine ausgestellten Skizzen lassen erahnen, wie er seinen Glauben in Stein und Beton zur Ehre Gottes ausgeformt hat. Dieser tiefe religiöse mystische Zug ist den Spaniern und Spanien eigen. Nur mit ihm kann man ihr Wesen begreifen. Er nimmt dann neben der tiefen Frömmigkeit auch die andere Seite des spanischen Wesens wahr: die sich im Stierkampf zeigende Grausamkeit. Es ließe sich viel über die Wechselbeziehung von Frömmigkeit und Stierkampf schreiben und philosophieren. Wahrscheinlich bilden beide zusammen, das Gute wie das Böse, das Wesen des Menschen und seiner Religion. Gerade die alttestamentlichen Gottesbilder wissen um die zwei Seiten der Gottheit, die sich einerseits barmherzig und andererseits zornig zeigt.

In Madrid werden seit Jahrhunderten Stierkämpfe abgehalten. Nach den Radierungen und Zeichnungen von Goya waren die Stierkämpfe anfangs ein Geschicklichkeitsspiel des Toreros mit dem Stier. Auf den Zeichnungen ist zu sehen, wie Männer dem angreifenden Stier auszuweichen versuchten. Erst durch die Araber wurde der Stierkampf zum blutigen Kampf auf Leben und Tod in der Arena. Für einen Außenstehenden erscheint der Stierkampf grausam zu sein, wie die Stiere bis aufs Blut mit den Picken gereizt werden. Das von Schmerzen gepeinigte Tier stürzt sich auf den Matador, der ihm elegant ausweicht und sein rotes Tuch über es gleiten lässt, bis er es mit seinem Degen tötet. Die Zuschauer sind von diesem Kampf zwischen Mensch und Tier fasziniert und gehen dabei emotional mit ihren Ole-Rufen mit. Wem es gelingt, aus der Anspannung in der Arena herauszutreten und distanziert auf das Wechsel- und Zusammenspiel von Stierkampf und Zuschauern zu achten, der hat das Gefühl, eine choreographische Einheit beider zu erleben. Heute wird der Stierkampf als Nervenkitzel erlebt und aufgesucht. Doch er ist mehr als dieses. Hinter dem Stierkampf verbirgt sich das alte religiöse Ritual, den Stier der Muttergottheit zu opfern, um ihrer Fruchtbarkeit zu huldigen. Die in der Stierkampf-Arena anwesenden zahlreichen Frauen erahnen oder wissen es. Ihnen wird ja der Stier als Symbol der Fruchtbarkeit geopfert.

Das Fleisch der im Kampf getöteten Stiere wird in den umliegenden Restaurants zum Essen angeboten. Selbst die Stierhoden werden fein zubereitet. Wie ich mir sagen habe lassen, verspeisen sie gern Frauen. Nach ihrer Bemerkung schmecken sie etwas süßlich und sehr gut. Ich denke mir, mit einem guten spanischen Wein »Roja« lassen sie sich auch gut verdauen.

Wer ein fremdes Land besucht, hat die Sitten und Gebräuche wahrzunehmen und zu beachten. Er hat einzutauchen in die Lebens- und Essgewohnheiten des Landes und seiner Menschen. So erst kommt er als Gast den Einheimischen nahe. Ja, wenn er ihre Sprache versteht, wird er gern in ihrer Gemeinschaft willkommen geheißen. Das Gespräch verbindet. Es heißt für den Besucher mitzumachen, um Land und Leute zu erleben.

Es bedeutet aber auch, die Eigenart der Spanier zu respektieren. Sie sind nicht unhöflich, aber sie wollen keine deutsche Gemütlichkeit. Spanier nehmen ungern Fremde in ihre Familie auf. Sie bleiben für sich, auch wenn sie einem im Gespräch mit ihrem Familienfoto ihre Familiengeschichte erzählen. Sie machen begeistert mit und berichten von der ihren genauso lebhaft. Gespräche über Familien anhand von Fotos mögen die Spanier, und sie ermöglichen auch das Sprechen über Beruf und Arbeitsverhältnisse und was sonst wichtig zu sein scheint. Doch dann geht jeder seinen Weg und seiner Arbeit nach.

Es ist ein Irrtum zu meinen, Spanier haben Zeit. Angesichts der um sich greifenden Technik und Globalisierung wissen sie, dass Zeit Geld ist. Keiner möge seine alten Vorstellungen von »Zeit haben« bei seinem Besuch in den südlichen Ländern Europas erwarten. Das Leben der Südländer wird von der Sommerhitze bestimmt. Von 11 Uhr bis 17 Uhr lässt sich schwer harte Arbeit auf dem Feld ausführen. Anders in den Städten, in denen inzwischen die Gesetze der Europäischen Union und des gemeinsamen Marktes den Ton angeben. In der Innenstadt Madrids eilen junge Männer in schwarzen Anzügen und junge Damen in schwarzen Kostümen mit weißer Bluse und dem dafür typischen Aktenkoffer als dynamische Manager von Büro zu Büro wie in München oder anderswo in den Wirtschaftsmetropolen der Welt. Lediglich am Abend sind die Restaurants, Cafés und die Tascas, Stehkneipen, gut besucht und ermöglichen ein Gespräch mit den Einheimischen. Denn in einer Tasca kann es geschehen, dass man, wenn man an einen der Tische oder an die Theke tritt, automatisch eingeladen ist. Dies ist eine »ronda«, eine Runde, die einer ausgibt. Dies muss man wissen, oder der Kellner macht einen darauf aufmerksam: »Don Miguel hat Sie eingeladen.« Das Zeremoniell bei Einladungen scheint ziemlich kompliziert zu sein. Gewöhnlich gilt die Regel: Wer jemanden zu einem Aperitif, Mittag- oder Abendessen einlädt, bezahlt. Auch wenn einer hört: »Lass uns einen trinken«, dann ist der Betreffende eingeladen. Eine besonders ausgesprochene Einladung entspricht nicht der spanischen Höflichkeit. Ansonsten ist der Besucher der Stadt auf sich gestellt, so dass er in aller Ruhe und mit Muße tagsüber Madrid erkunden und besichtigen kann.

Die Kirchen sind in Madrid nicht so reich ausgeschmückt wie in München. Es gilt der Grundsatz, wenn die Kirche außen eine schöne Fassade hat, ist ihr Inneres enttäuschend, und umgekehrt. Der Kirchenraum ist ein Zweckbau. In den Kirchen vor den Altären sind weitgehend alte Frauen im Gebet versunken. Der spanische Barock erscheint drückend und schwer. Es fehlt ihm die bayerische Fröhlichkeit und Luftigkeit. Freundliche Farben sind in spanischen Kirchen kaum zu finden. Das Düstere und Dunkle herrscht in ihnen vor. Die Kirchen stellen eine andere Welt in dieser Welt dar, in denen des Leidens und des Todes gedacht und um Erlösung gebetet wird.

Unweit der Plaza Mayor Richtung Plaza del Cordon, wo sich noch immer das Haus des reichen Bauern Ivan de Vargas befindet, diente der Knecht Isidro, der Madrids Stadtheiliger wurde. Gerade Adelige haben seinen Kult gefördert. Die Kirche San Isidro hat eine klassizistische Fassade mit zwei Türmen. Ihr Besuch gewährt einen Einblick in die spanische Kultfrömmigkeit, die einerseits die großen Heiligen wie Ignatius und Theresa von Avilla verehrt und andererseits Heilige aus dem Volk. Gewiss kann gesagt werden, dass San Isidro die ländliche Tradition der Stadt symbolisiert. Ja, alte Madrider nennen noch heute die Bauern der umliegenden Dörfer, die zu den Festen im Mai, zu den Wallfahrten, zu den Märkten und Stierkämpfen in ihre Stadt kommen, die ›Isidros‹.

Um das Rathaus, Casa del Ayuntamiento, mit der Plaza de

la Villa befindet sich der alte typische Stadtkern Madrids mit seinen winkligen Gassen, der von der Puerta de Toledo abgeschlossen wird und an den Sieg der Spanier über Napoleon erinnert.

Die Straße Calle San Francisco führt an dem wuchtig erscheinenden Kirchengebäude San Francisco el Grande mit seiner klassizistischen Fassade vorbei, über die sich eine Kuppel mit Turm, zwei umgebenden Türmen aufgesetzt, wölbt. Durch schwere Türflügel gelangt einer in das düstere Kircheninnere, das etwas an die Nacht in den mystischen Gedichten des Juan de la Cruc erinnert, bis dann die Seele aus der Dunkelheit zum Licht aufsteigt. So erscheint es einem auch in einem spanischen Kircheninneren. Wer die Richtung der Calle San Francisco einhält, befindet sich nach dem Überqueren der Calle de Segovia im Park, Campo del Moro, dem einstigen königlichen Park, der jetzt ein öffentlicher ist. Er wird abgeschlossen vom Schloss, Palacio Real, dessen Museum sich zu besichtigen lohnt. Wer sich rechts der Calle San Francisco hält, gelangt zur Calle de Bailen, dem Viadukt und den Gärten de las Vistillas. Hier befand sich das Zentrum des maurischen Madrids. Heute werden dort »verbenas«, Volksfeste, abgehalten.

Gerade diese Gegend bietet den Anblick schöner Baudenkmäler Madrids. Dieser Stadtteil gleicht einem Geschichtsbuch und erzählt über Madrids glorreiche Vergangenheit, die mit Kaiser Karl V. begann. Auch die Gasthäuser dieses Stadtviertels berichten von großen Familiengeschichten.

Es bedarf Zeit, um so eine Stadt wie Madrid in sich aufzunehmen. Gewiss gäbe es noch viel über jeden einzelnen Stadtteil Madrids zu berichten, um so ihre Vielschichtigkeit zu erleben. Natürlich kann die Stadt und ihr Leben auch auf andere Weise entdeckt werden. Jeder wird von seinem Standpunkt aus Madrid betrachten und suchen, was ihm gefällt. Beim Gang durch eine

Stadt nimmt jeder durch seine Empfindungen war. Die Stadt bleibt Objekt und Labyrinth. Das Staunen und das Neugierigsein sind der Anfang jeder Wissenschaft wie auch jeder Stadtbesichtigung.

Stuttgart

Wie weit prägt der Geist eine Stadt? Die Antwort darauf bietet der Blick von einer Anhöhe auf sie. Der Überblick erschließt die Stadt. Zum Beispiel der Blick vom Kirchturm der St.-Petri-Kirche in Lübeck lässt die Stadt als eng und zusammengepfercht erkennen. Um die fünf Kirchen scharen sich die Häuser wie Küken um die Mutterhenne. Das Auge nimmt wahr den Stadtwall als einen grünen Alleekranz. Der Betrachter versucht sich im Labyrinth der zu erkennenden Straßen zurechtzufinden. Er braucht der Sage nach den Ariadnefaden, um sich durch das Straßengewirr durchzufinden. Er überlegt weiter, um Bilder als Vergleich für die Aufschlüsselung der Stadt herzunehmen. Er erinnert sich an die Geschichte der Stadt. Es fällt ihm ein, dass Lübeck als ehemalige Hansestadt sich wie ein Kontor ausnimmt. Alles ist in der Nähe und griffbereit, die Kirchen, das Rathaus, die Wohnhäuser, die Lagerhäuser und die Schiffsanlegestellen. Der Geist des Kaufmanns hat die Stadt erbaut und geprägt. Nur in einer solchen Stadt wie Lübeck konnte Thomas Mann seinen Roman »Die Buddenbrooks« als Familiengeschichte eines untergehenden Handelsgeschlechts schreiben. Er schildert am Bild einer Familie das Geschick einer Stadt. Dies so ähnlich für eine andere Stadt zu machen, erscheint mir fast unmöglich zu sein, wenn ich an Stuttgart denke.

Auch der Ausblick von einer Anhöhe der Stuttgart umgebenden Berge zeigt mir die Stadt, die im weiten Talkessel freier und konzentrisch angelegt zu sein scheint. Die Straßenführung durch zwei sich kreuzende Längsstraßen macht die Orientierung in der Stadt leicht. Stuttgart ist durch die Geschichte Landeshauptstadt Baden-Württembergs. Stuttgart war Residenzstadt der Herzöge von Württemberg. Sein Name leitet sich von der Zusammensetzung der Worte ›Stuten‹ und ›Garten‹ ab. Deshalb ist ein aufspringendes Pferd im Stadtwappen von Stuttgart zu sehen.

Dem Betrachter von der Anhöhe fällt auf: Wenn es einmal stark und länger regnet, dann kann es für die Bewohner der Innenstadt gefährlich werden. Die Keller laufen schnell voll, wenn die Kanalisation die vom Himmel herabfallenden Wassermassen nicht mehr aufnehmen kann. So eine Wetterkatastrophe ist öfter über Stuttgart hereingebrochen und hat Tote gefordert. Inzwischen haben die Stuttgarter gegenüber solcher Unwetterkatastrophen Vorkehrungen getroffen. Sie haben die Abwasserkanalisation ausgebaut und sich gleichzeitig besser versichert.

Damit ist bereits der Geist der Stadt benannt. Stuttgart ist auf Sicherheit bedacht und eine Geldstadt. Neben Frankfurt am Main und München an der Isar ist Stuttgart am Neckar der drittgrößte Bankenstandort Deutschlands. Bei den Versicherungen belegt Stuttgart nach München sogar Platz zwei. Insgesamt gibt es immerhin 150 Kreditinstitute und Versicherungen, die in Stuttgart ansässig sind. Sie sind das Ergebnis des schwäbischen Charakters, der sich in dem Sprichwort zusammenfassen lässt: »Schaffe, schaffe, fleißig Häusle bauen und nicht nach den Mädchen schauen«.

Arbeit und Sparsamkeit zeichnet die Menschen des Schwabenlandes aus. Dies liegt in der Kargheit des Landes begründet, die den Menschen vieles an Fleiß abzuverlangen sucht. Frühzeitig wurde der Nebenerwerbsbetrieb in Württemberg eingeführt, weil der Boden nicht alle ernähren konnte. In Schwaben galt nicht die fränkische Erbteilung, nämlich den Hof auf all seine Kinder aufzuteilen, sondern der Älteste behielt den Hof. Der Schwabe hat das Geld zusammengehalten und gut angelegt, ohne seinen durchaus respektablen Reichtum zur Schau zu stellen.

Es stimmt schon, dass aufgrund seiner zahlreichen Industrieansiedlungen Stuttgart viele ausländische Arbeitskräfte anzog. Ohne Menschenkraft lässt sich nichts erreichen, und wenn sie fehlt, muss sie aus dem Ausland geholt werden. Inzwischen sprechen ihre Kinder fließend schwäbisch und haben den Geist der schwäbischen Sparsamkeit nicht mit der Muttermilch eingesogen, sondern durch das Umfeld erhalten. Der Raum und sein Geist prägen die Menschen. Doch auch der Dreiklang Raum, Mensch und Arbeit sind zu beachten und er meldet sich in jedem einzelnen Menschen.

Auch der Geist der Vergangenheit, das kollektive Unterbewusstsein eines Volkes, ist nicht schweigsam. Er wirkt wie ein unterirdischer Wasserlauf. So entspringt die schwäbische Sparsamkeit dem schwäbischen Pietismus. Diese Frömmigkeit entstand in der Evangelischen Kirche als Sonderform und orientiert sich ganz bewusst an der Bibel. Es war eine Laienbewegung, die sich zu einer erbaulichen Gemeinschaft versammelte, um die

Bibel zu lesen, zu singen und zu beten. Es war eine Gegenbewegung zur Welt des prunkvollen Barocks des württembergischen Fürstenhauses und der aufstrebenden Bürgerlichkeit. Deutlich wird dies an der ethischen und moralischen Ausrichtung des privaten wie auch gesellschaftlichen Lebens in den bildlichen Darstellungen der Zwei-Wege-Lehre, die bereits in der Antike als Anweisungen zu einem guten Leben bekannt war. Auf ihr sind die zwei Lebensmöglichkeiten zu sehen, die ein Mensch führen kann. Der eine Weg zeigt das Leben in Spaß und Weltfreuden. Auf ihm genießen die Menschen alles, was die Welt und das Leben zu bieten hat, so Tanzveranstaltungen, Gasthäuser, Spielhallen und übertriebenes Wohlleben. Auf dem anderen Weg ist zu sehen, wie die Menschen ordentlich der Arbeit nachgehen, am Sonntag die Kirche aufsuchen, Wirtshäuser meiden und ihre Kinder in Arbeit und Bücher ordentlich unterweisen. Natürlich gibt es Brücken von einem Weg zum anderen; denn es ist bekannt, dass sich ein frommer Mensch in einen Unhold verwandeln kann und ein unsittlicher Mensch ein sittlicher werden kann. Es kommt auf den Menschen und seine geistige Lebenseinstellung an. Viele Schwaben haben sich für die Lebensweise aus der Bibel, für das Gebet und die Gemeinschaft entschieden und daraus die Kraft für ihr Arbeiten gewonnen.

Die Religion, die dem Menschen eine Orientierung für sein Leben in der Welt gibt, bestimmt ihn mehr, als wir meinen. Sie vermittelt die Wertmaßstäbe über Gut und Böse und richtete sein Leben zielstrebig aus und belehrt ihn über seine Zukunft mit dem Endgericht, in dem jeder beurteilt wird, und schließlich über den Eingang in die Gemeinschaft mit Gott. Ja, im reformierten Leben herrscht noch heute die Anschauung vor, dass der wirtschaftliche und familiäre Erfolg einem bestätigt, dass er auf dem rechten Weg ist. Der Schwabe ist religiös und führt aus diesen Motiven sein Leben als Arbeit. Aus diesem Grund wird nicht viel gesprochen, noch großes Aufhebens um eine Person gemacht. Der Spruch über die Geistesgrößen aus Württemberg, die in jedem Geschichtsbuch stehen, lautet: »Wir haben Schiller, Hölderlin und Hegel, doch Uhland, Hauff und Schlegel tun's auch.« Die Württemberger sind auch mit ihren kleinen Dichtern und Philosophen zufrieden, was jeder von ihnen sein kann. Geistesgröße und Reichtum werden nicht zur Schau gestellt. Jeder weiß, was er hat, und daraus erwächst sein Selbstbewusstsein. Angeber sind bei den Schwaben unbeliebt.

Bankleute wissen um den feinen Unterschied zwischen München und Stuttgart. »In München scheut man sich nicht, sich im Designerkostüm und mit edlem Schmuck zu zeigen.« – »In Stuttgart kommen die Herrschaften schon mal im Regenmantel und per Straßenbahn angefahren, obwohl sie einige Millionen auf der Bank angelegt haben.« Die Württemberger legen ihr mit Fleiß und ureigener Sparsamkeit angesammeltes Geld auf die Bank und lassen es dort arbeiten. So zieht es den Württemberger mehr dazu, im Bankenwesen zu arbeiten. In den Kreditinstituten sind 5,2 Prozent der Beschäftigten in Stuttgart gegenüber einem Bundesdurchschnitt von 3,9 Prozent angestellt. Es lohnt sich, unter diesem Gesichtspunkt durch Stuttgart zu gehen und sich die Repräsentation der Bankhäuser anzusehen. Die Bauten sagen viel über das Unternehmen aus. Neben den Banken darf das Bausparkassenwesen in Württemberg nicht vergessen werden. Es hat eine ungemeine Bedeutung, denn es half schon vor Jahrhunderten den kleinen Leuten, mit Darlehen ihr Eigenheim zu bauen. In Württemberg herrscht ein gesunder Umgang mit Geld. Geld wird als Macht angesehen, mit der gearbeitet werden kann. Es ist Mittel zum Zweck.

Stuttgart ist weltweit als eine Autostadt bekannt. Die erfolgreichen Autofirmen wie Mercedes und Porsche sind hier zuhause. Der Mercedes-Stern leuchtet hell in den Nachthimmel und in die Welt. In Anlehnung an den Weihnachtsstern ist nicht Ort des Heils, sondern der der Forschung, der Innovation und der Fertigstellung. Der Mercedes-Stern spricht für seine Klasse und Güte. In Mercedes-Autos fahren die Staatspräsidenten und die Reichen. Das Auto als Statussymbol, ähnlich wie auch die Designerkleidung, signalisiert dem Kenner die Klassenzugehörigkeit. Das aufspringende Pferd auf rotem Grund ist Symbol der Automarke Porsche, die durch ihre Sportautos bekannt ist. Sie sind Markenzeichen der aufstrebenden sportlichen jungen Manager. In Stuttgart werden Autos für die erfolgreichen Mächtigen gebaut. Auch dies ist Ausdruck des Geistes der Stadt.

Stuttgart liegt am Neckar, ist in der Schule gelernt worden und auf jeder Landkarte verzeichnet. Die Stuttgarter sprechen anders über ihr Verhältnis zum Fluss. Die anderen Metropolen bekennen sich zu ihren Flüssen wie Rhein, Donau, Themse oder Mississippi. Stuttgart liegt nach eigener Meinung am Nesenbach, der unterirdisch durch das Stadtgebiet fließt. Vom Neckar ist wirklich wenig in der Stadt zu sehen. Er wurde begradigt, ausgebaggert und an den Ufern befestigt. Es sieht so aus, als ob der Neckar in Stuttgart hinter einer Mauer liegt. Die Stuttgarter als fleißige Schwaben haben ihn zu einer industriellen Wasserstraße umfunktioniert. Seine Flusslandschaft dient nicht als Naherholungsgebiet. Vielmehr sind die Stuttgarter auf ihren Hafen stolz und darauf, dass sie nun durch Wasser, Straße und Luft mit der weiten Welt verbunden sind. Der Neckar wurde durch Staustufen schiffbar gemacht, so dass auf ihm neben Bahnlinien und Straßen große Teile der Güter in die Welt transportiert und aus der Welt hereingeholt werden können.

Stuttgart ist keineswegs nur eine Industriestadt oder eine Finanzstadt, sondern auch eine Kurstadt. Im Bereich von Bad Cannstatt befinden sich nach der ungarischen Hauptstadt Budapest die größten Mineralwasservorkommen Europas. Dieses Mineralwasser ist bereits im Mittelalter für die ihm zugesprochenen Heilkräfte berühmt gewesen. Der Cannstätter Jakob Frischlin schrieb um 1580: »Es ist gut für die Räudigen und Schaebigen und kann einem den Harnisch gewaltig butzen und fegen.« Jeder, der das Cannstätter Mineralwasser trinkt, kann den Worten des Jakob Frischlin nur zustimmen. Mancher Stuttgarter hat es sich zu seiner Philosophie gemacht, täglich einen Schluck aus dem Trinkbrunnen zu nehmen. Stuttgarter Ärzte und Krankenkassen haben ein spezielles Kurmodell, die »Stuttgarter Kur«, entwickelt und empfehlen sie. Im 19. Jahrhundert wurde durch den »Brunnenverein« und den gesundheitsbewussten Monarchen dem Architekten Nicolaus von Thouret der Auftrag erteilt, einen klassizistischen Saal für den Kurbetrieb zu erbauen. Das Reiterstandbild Königs Wilhelm I. vor der halbrunden Vorhalle erinnert daran. Der Saal wird von einem gepflegten großen Kurpark umgeben. Das Kurwasser ist in Stuttgart überall anzutreffen. Am Rande des Stuttgarter Schlossparks fließt es aus öffentlichen Wasserhähnen. Gewiss, das Wasser ist gewöhnungsbedürftig, aber gesund. Das Bad Berg wurde von König Friedrich Wilhelm I. im Jahre 1856 als »Bad am königlichen Park« eröffnet. Es ist ein Bad im alten Stil geblieben. Es legt Wert darauf, kein Spaßbad zu sein. Der Saunabereich ist strikt nach Männern und Frauen getrennt. Jeden Tag fließen fünf Millionen Liter Mineralwasser aus fünf Quellen in die verschiedenen Becken. Der Austausch ist so groß, dass das Wasser weder mit Chlor noch irgendwie sonst aufbereitet werden muss. Direkt neben dem klassischen Bad Berg liegt das Mineralbad Leuze, das etwas moderner gestaltet ist. Es bietet keine übliche moderne Badelandschaft mit Wasserrutsche und lärmenden Menschen, sondern es geht ruhig und gelassen zu, als ob immer Sonntag wäre. Groß angelegt ist die Saunalandschaft mit Dampfbädern mit Zitronenduft und einer Sauna nach finnischer Art.

Geologen wissen um die Entstehung der Region Stuttgart aus einem Süßwassermeer mit den Kalkablagerungen auf einst vulkanischem Gebiet. Etwas vierzig Kilometer entfernt liegt Bad Urach, unter dem »Schwäbische Vulkan«. Dieser erhitzt das Wasser auf 61 Grad. Das Mineralwasser wurde von Chemikern als sogenannter »Calcium-Natrium-Chlorid-Sulfat-Hydrogencarbonat-Thermal-Säuerling identifiziert. Es gilt als ein besonders wertvolles Wasser. Die von Natur aus reich gesegnete Region um Stuttgart färbt auch auf die dort lebenden Menschen ab.

Stuttgart liegt in einer urban verdichteten Landschaft mit bewaldeten Hügeln und Weinbergen, so dass der Wald in der Stadt zu einem Park verwandelt wurde. Im Sommer erwärmt die Sonne den Talkessel und seine Temperaturen ähneln denen der südlichen Länder Europas. Die Vegetation gedeiht durch Bewässerung wie in einem Treibhaus. Der Schlossplatz inmitten der Stadt erinnert an Paris. Auch die Württemberger Herzöge haben die Schlösser des französischen Sonnenkönigs Ludwig XIV. kopiert, um in der Gesellschaft des europäischen Hochadels etwas zu gelten. Das Schloss sollte ursprünglich Balthasar Neumann für Herzog Carl Eugen von Württemberg errichten. Doch dessen Ausführung erschien dem Herzog zu teuer und zu kostspielig. Deshalb beauftragte er Leopold Retti, mit dem Bau 1746 zu beginnen und nach französischem Vorbild eine dreiflügelige Anlage zu errichten. Als Retti während der Bauzeit verstarb, holte Carl Eugen den französischen Architekten Philipp de la Guepiere aus Paris. Über dem gesamten Bauvorhaben schien kein guter Stern zu stehen, denn 1762 wurde der Gartenflügel durch einen Brand zerstört. Carl Eugen mochte auch nicht besonders die Stuttgarter Residenz und zog deshalb ihr die Schlösser in Ludwigsburg und Hohenheim vor. Erst als das russische Thronfolger-Ehepaar dem Herzog einen Besuch abstattete, wurden die wichtigsten Räume fertiggestellt. Während des II. Weltkrieges wurde die Residenz 1944 zerbombt und 1956 wiederaufgebaut. Heute ist das Schloss Sitz des Finanz- und Kultusministeriums. Lediglich der prunkvolle Weiße Saal wird von der Landesregierung für Repräsentationszwecke genutzt. Mächtig erhebt sich auf dem Schlossplatz die Jubiläumssäule, die 1841 zur Feier des 25-jährigen Herrscherjubiläums Wilhelms I. vom Volk gestiftet wurde.

Wie ich in meinem Reiseführer nochmals über das Schloss nachlas, gesellte sich zu mir ein alter Stuttgarter und machte mich auf die verschiedenen Architekturstile in Stuttgart aufmerksam. »Der italienische Baustil von Florenz ist am Hasenberg zu sehen. Dadurch ist der schwäbische Baustil verdrängt worden. Es ließe sich über die Baustile Süddeutschlands philosophieren und fragen, warum immer italienische Architektur bevorzugt wurde? Hängt dies zusammen mit den Nachwirkungen des einstigen antiken römischen Weltreiches, dem auch Süddeutschland angehörte?« – Ich fand seinen Gedanken anregend und schwierig. »Wenn Sie die weltbekannte Architektursiedlung des zwanzigsten Jahrhunderts sehen wollen, dann fahren sie mit dem Bus Richtung Killersberg. Dort in der Weißenhof-Siedlung haben 1927 die bekannten Architekten Ludwig Mies van der Rohe, Le Corbusier, Walter Gropius und Hans Scharoun im Rahmen der Werkbundausstellung »Die Wohnung« gebaut. Von den 21 Häusern stehen nur noch elf und diese stehen nun unter Denkmalschutz. Während des Dritten Reiches wurde diese Architektur als »entartete Kunst« diffamiert. Wir Stuttgarter mögen trotzdem diese Siedlung.«

Zunächst spazierte ich durch den Schlosspark zur Königstraße, der Flaniermeile und Einkaufstraße der Stadt, und ließ mich in einem der Straßencafés zu einem Kaffee nieder. Ich betrachtete die vorbeieilenden wie auch gemächlich schlendernden Menschen. Dabei erkannte ich an der Gestalt und Gangart den Eingeborenen der Hauptstadt wie auch den des Landes. Der vom Land erscheint von mittelgroßer und kompakter Natur. Auffallend ist die fast viereckige Schädelform, die die dickste in Deutschland sein soll. Der Franzose leitet sein »tete carre« hiervon ab. Ja, die Franzosen haben von dem Volkstamm der Alemannen, die vor allem neben den teilweise weiterwandernden Sveven hier in Schwabenland siedelten, den Namen für Deutschland, »Allemagne«, abgeleitet. Auch für den Schweizer ist der »Schwob«, in diesem Namen steckt das Wort des Volksstammes Sveven, der Inbegriff aller Reichsdeutschen. Selbst die Russen, wie auch die übrige Welt, die gerne vom deutschen Michel sprechen, meinen den Typ des Schwabens mit seiner schwäbischen Tracht aus Betzingen. Ja, der Urfaust ist ein Schwabe und kommt aus Knittlingen. Wen wundert's, dass die Schwaben fleißig forschen und arbeiten, um zu wissen, was die Welt im Innersten zusammenhält. Der Schwabe zeigt sich als ein lebendiger Mensch, der sich für weltliche und religiöse Utopien interessiert. Nicht umsonst sind die brillanten Geister Deutschlands wie Schiller, Hegel und Hölderlin hier geboren.

Zwar hat Stuttgart als Metropole alle Probleme einer Großstadt, die das Leben in den deutschen Großstädten so schwierig machen. Das fängt bei den zu hohen Mieten an, geht über das tägliche Verkehrschaos und endet bei der ständig steigenden Kriminalität. Doch die Stuttgarter kommen auch mit diesen Problemen zurecht.

Im Reiseführer las ich: Die Stuttgarter wissen zu leben. Ja, sie sind trotz aller Sparsamkeit auch fähig, ein Staatstheater, eine Oper, ein Ballett und einen modernen Museumsbau zu unterhalten. Zur Arbeit gehören auch die Entspannung und das Vergnügen. Besucher staunen, wie das Stuttgarter Leibgericht aus Linsen mit Spätzle kombiniert wird und wie das Viertele Rotwein dazupasst. Wer so zu genießen versteht, dem können die negativen Seiten der Metropole und des Lebens wenig anhaben. Ich entnahm dem Reiseführer, dass die Stuttgarter auf Sauberkeit achten. Die Kehrwoche ist ihnen ein inneres Anliegen seit alters her. Keiner kann ihr entkommen, ohne als Asozialer verdächtigt zu werden. Das Achten auf Sauberkeit schließt auch die Ordnung mit ein. Beide sind die Basis für ein erfolgreiches Arbeiten und Sparen im Alltagsleben.

In unmittelbarer Nähe des neuen Schlosses ist die Altstadt mit Kirche und dem Alten Schloss. Die Wurzeln der jetzt gotisch erscheinenden Stiftskirche gehen bis ins 12. Jahrhundert zurück. Von 1433 bis 1495 haben die Baumeister Hänslin und Aberlin Joerg auf den Resten einer romanischen Kirche den wuchtigen Bau entstehen lassen, der seit 1321 Grablege der württembergischen Grafen ist. Auf dem Platz vor der Kirche, dem Schillerplatz, steht das Schiller-Denkmal. Wer Friedrich Schillers Dramen und Gedichte kennt und auch von Zeichnungen seine Gestalt und sein Gesicht in Erinnerung hat, ist von der gramgebeugten Figur auf dem Podest überrascht. Wer dann den Namen des Bildhauers, Bertel Thorvaldsen, liest, ist nicht verwundert, denn er versuchte in seinen Statuen, ähnlich wie in seinen bekannten Christusfiguren, auf das Wesentliche der Person hinzuweisen. Überraschend ist, dass anscheinend den Schwaben ein Thorvaldsen für Schiller nicht zu teuer war. Die Geschichte bringt es an den Tag. Für das Denkmal wurde in ganz Deutschland gesammelt und die Sammlung erbrachte den Betrag von 54 000 Gulden. Doch der Bildhauer ließ sich nicht durch den Spott der Stuttgarter über seine Schillerfigur irritieren, sondern meinte lakonisch, »dass diese Statue aus Erz wohl 300 und 500 Jahre stehen werde und dann werden die Leute nicht mehr tadeln.« Thorvaldsen bemühte sich, die Gestalt des

Dichters aus seinen Werken zu verstehen, und erkannte, dass Schiller in einer frivolen Zeit gleichwohl ernst und tragisch geblieben ist. Der Bildhauer lädt mit seinem Werk zum Nachdenken über Schillers Wirkgeschichte ein.

Dem Denkmal gegenüber befindet sich das »Alte Schloss« als trutziger Bau mit massigen Ecktürmen. Herzog Ludolf ließ im Nesenbachtal im 10. Jahrhundert einen künstlichen Wall aufschütten, um sein Gestüt, den »Stutengarten«, zu schützen. Erst im 14. Jahrhundert bauten die Grafen von Württemberg ihre Residenz als Fachwerkburg mit Wassergraben aus. Das eigentliche Schloss, ein staatlicher Renaissancebau, entstand im 16. Jahrhundert und hat einen Arkaden-Innenhof, dessen Akustik hervorragend für klassische Konzerte geeignet erscheint. Heute beherbergt das Alte Schloss das Württembergische Landesmuseum.

Die moderne Welt mit ihrem Leben zeigt sich im Kaufhaus Breuninger am Marktplatz. Sein Gründer Eduard Breuninger hat sich auf Reisen in die Neue Welt wertvolle Anregungen für sein Geschäft geholt. Er setzte mit wachsendem Erfolg Werbung ein. Ein Besuch lohnt sich auf jeden Fall, um den neuen lichtdurchfluteten Kuppelbau in seinen Etagen zu erwandern. Kunst und Kommerz finden hier zusammen. Heute wird das Stuttgarter Modehaus mit seinem erlesenen Sortiment neben Harrods in London und Bloomingdale's in New York genannt.

Die Einkaufsmeile Stuttgarts befindet sich in der Calwer Passage zwischen der historischen Calwer Straße und der Theodor-Heuss-Straße. Die Architekten Kammerer, Belz und Partner haben eine Glaskonstruktion entworfen, unter der die Käufer wie auch die Besucher an sorgfältig gestylten Boutiquen vorbeiflanieren können.

Nach dem anstrengenden Schauen ist es gut, sich in einem kleinen Café zu erholen. Etwas gefährlich wird es, wenn ein Gast Worte im wohlmeinenden Sinne verwendet, die für den Einheimischen ein Schimpfwort sein können, wenn er mit halbem Ohr zuhört. Ja, es ist nun einmal so, dass Heimat dort ist, wo man sämtliche Schimpfwörter kennt und versteht. Die Sprache scheint doch das Verbindende unter den Menschen zu sein. So rate ich niemandem, in Stuttgart gegenüber einem Einheimischen seinen Dackel zu loben; denn der Satz »Ein schöner Dackel« kann missverstanden werden. Anderswo meint das Wort ›Dackel‹ einen krummbeinigen Hund. Doch in Stuttgart ist es ein Schimpfwort und bedeutet soviel wie ›Simpel‹, was ein sehr törichter Mensch ist. Wie es dazu kam, weiß keiner so recht. Manche meinen, das Stuttgarter Wort ›Dackel‹ leitet sich von Dagobert ab, andere sind der Ansicht, es komme aus dem Rotwelschen. Es ist ratsam, das Wort ›Dackel‹ in Stuttgart erst gar nicht in den Mund zu nehmen.

Interessant in die Anhöhe neben Staatsarchiv und Landtag, Akademiegarten und Staatstheater schmiegt sich die Neue Staatsgalerie, die einem abgeschnittenen Pyramidenkegel gleicht. Das futuristische Gebäude hat der Engländer James Stirling geplant, und 1984 wurde es eingeweiht. Die Gelder für den 70-Millionen-Bau wurden durch ein Finanzierungsmodell des Landes zusammengetragen und als notwendig angesehen. Sie kamen aus Toto und Lotto, dem Ministerium für Wissenschaft und Kunst, der Museumsstiftung und dem Erlös der Spielbanken in Baden-Baden und Konstanz zusammen. Wer die neue Staatsgalerie betritt, erwandert in Rundgängen die lichtdurchfluteten Ausstellungssäle. Stolz sind die Stuttgarter darauf eine der bedeutendsten Picasso-Sammlungen in Deutschland zu haben. In einem großen Saal sind die Modellfiguren von Oskar Schlemmer zu sehen. Stuttgart zeigt sich als eine Kunststadt und bietet vom Völkerkunde-Museum bis zu den vielen Galerien und den technischen Museen jedem das für ihn Geeignete.

Der Killesberg ist Stuttgarts höchstgelegener Park. In dem einst verwilderten Steinbruch baute 1926 die Gemeinde Feuerbach ein Freibad auf dem Gelände. In den 30er Jahren wurde ein Gelände für die Reichsgartenschau angelegt. In den 50er Jahren wurden ein Messegelände und Ausstellungshallen errichtet und 1993 die Internationale Gartenausstellung gezeigt. Vom Fernsehturm des Killesberg, eine elegante Betonnadel, lassen sich von der Aussichtsplattform in 152,4 Meter Höhe der Talkessel Stuttgart, die Höhenzüge des Schwarzwaldes und vor allem das hügelige Baden-Württemberg betrachten. Wer länger in schwindelerregender Höhe verbleiben will, kann noch einen Eisbecher im Turmrestaurant zu sich nehmen.

Besucher bemerken, dass die Stuttgarter für Neues aufgeschlossen sind. Auf der Uhlandshöhe befindet sich das Eurythmeum, das der Begründer der Anthroposophie, Rudolf Steiner, erbaut hat. Die Bauweise, die alle rechten Winkel meidet, drückt den Geist der Ganzheit und Harmonie aus, den Steiner durch seine Anthroposophie anstrebte. Das Stuttgarter Eurythmeum war die erste Schule, in der Rudolf Steiner zusammen mit Marie Steiner-von Sivers den Studenten aus aller Welt die neue anthroposophische Bewegungskunst vermittelte. Ja, er konnte in Stuttgart durch die Förderung des Fabrikanten Walldorf auch eine Schule errichten, in der die Schülerinnen und Schüler im Sinne der Anthroposophie unterrichtet und ausgebildet wurden. Durch Steiner ist die deutsche Pädagogik bereichert worden. Auch seine Anschauung von der naturverbundenen Lebensweise setzte sich im Laufe der Zeit in der privaten und gesellschaftlichen Öffentlichkeit durch. Nach der Zerstörung durch Bomben im II. Weltkrieg wurde die Bildungsanstalt wiederaufgebaut.

Traurige Berühmtheit erlangte Stuttgarts Stadtteil Stammheim durch seine Justizvollzugsanstalt. Der graue Betonklotz mit seinem videoüberwachten Hochsicherheitstrakt wird des

Öfteren als Deutschlands sicherstes Gefängnis angesehen. Im Zuge der Studentenrevolten 1968, die eigentlich nicht aus den sozialen gesellschaftlichen Spannungen in Westdeutschland hervorgingen, sondern aus den USA angesichts des dortigen Widerstandes gegen den Vietnamkrieg nach Europa überschwappten und sich im Nachkriegs-Deutschland als wilde und randalierende Bewegung ausprägten, wurden in Stammheim die gefangenen RAF-Mitglieder Andreas Baader, Gudrun Ensslin und Jan-Carl Raspe u.a. eingesperrt, die sich 1977 auf mysteriöse Weise das Leben nahmen. Stammheim spiegelt deutsche Geschichte seit dem Absolutismus wider. Die autoritäre Herrschaft der Fürsten und Herzöge der damaligen Zeit forderte den Widerspruch der Studenten als Verkörperung der neuen Zeit heraus. Es war der Kampf der Söhne gegen die Väter, die keine Reformen in der Gesellschaft anstrebten. Die absolutistischen Herzöge Württembergs begegneten dem Widerspruchsgeist mit dem Bau des Staats-Gefängnisses auf dem Hohen Asperg, in dem revolutionäre Geister wie Schubart u.a. einsaßen und das als Abschreckung für umstürzlerisches Gedankengut galt. Der junge Schiller wusste über das Gefängnis Bescheid und verließ nach der triumphalen Aufführung seiner »Räuber« in Mannheim sein Vaterland Württemberg. Er hätte sich im Herzogtum Württemberg so wie im Großherzogtum Weimar nicht entfalten können.

Württemberg ist ein ausgezeichnetes Weinland. Den Württembergern wird aber nachgesagt, dass sie ihren guten Tropfen selbst trinken und niemandem sonst gönnen. Wer diesen vorzüglichen Rot- und Weißwein probieren will, muss in Württemberg Urlaub machen. Die Anhöhen um Stuttgart sind ausgezeichnete Rebhänge. Die Alte Weinsteige, eine im Mittelalter erbaute Straße, über die der Haupttransportweg für die Weinfuhren Richtung Oberland führte, war so steil, dass die schweren Pferdefuhrwerke nur mühsam die Anhöhe schafften. Im 19. Jahrhundert wurde die Straße kurvenreich ausgebaut und brachte als technische Meisterleistung auch eine spürbare Entlastung für Mensch und Tier. Heute ist sie ein berüchtigtes Nadelöhr zwischen Innenstadt und Degerloch und führt zur Autobahn. Wer sie befährt, sieht schmucke Villen aus der Bürgerzeit und noch manchen Weinberg.

Wie gesagt, wer Stuttgart besucht, ohne einen guten Trollinger verkostet zu haben, begeht ein großes Versäumnis. Dieser Wein wird in der Umgebung des versteckt liegenden Dorfes Uhlbach angebaut und zeigt eine Polarität von herber Säure und fruchtiger Süße. Ihm ist der gegensätzliche Charakter des Schwaben eigen. Stuttgarter sagten mir: »Sie müssen zum Weinfest nach Uhlbach kommen, um in Gemeinschaft bei Musik und gutem Essen den edlen Tropfen zu genießen. Dann erst geht Ihnen das Geheimnis des württembergischen Weines auf.«

Eine Einladung für mich, wieder Stuttgart zu besuchen, um noch tiefer in die Stadtgeschichte und die Mentalität der Württemberger, den Bewohnern des Schwabenlandes, einzutauchen. Den Stuttgartern muss ich lassen, dass sie Tradition und Forschritt harmonisch verbunden haben. Diese Seite des Fortschritts will ich mir beim nächsten Mal genauer anschauen. Was den Schwaben nachgesagt wird, »Schaffe, schaffe, Häusle bauen und nicht nach den Mädle schauen«, hat diesen demokratischen und sozialen schwäbischen Menschenschlag geschaffen, der auch ein gesundes Verhältnis zu den Frauen hat.

Horst Jesse, Jahrgang 1941, ist promovierter Theologe und als Pfarrer in München tätig. Hobbies: Literatur, Geschichte, Kunst, Fotografie.

Auswahl bisheriger Veröffentlichungen:

Spaziergang mit Bertolt Brecht durch Augsburg, Augsburg 1985.

Brecht in München, München 1994.

Brecht in Berlin, München 1996.

Brecht im Exil, München 1997.

Die retrospektive Widerspiegelung der jugendlichen Identitätsentwicklung anhand autobiographischer Romane unter dem Gesichtspunkt der Wechselwirkung zwischen Identitätsentwicklung und der Entwicklung des moralischen Bewußtseins nach Lawrence Kohlberg, Frankfurt am Main 1999.

Friedrich Daniel Ernst Schleiermacher – Der Kirchenvater des 19. Jahrhunderts, Berlin 2002.

Erzähl mir eine Geschichte – 33 Kurzgeschichten zum Vorlesen, München 2004.

Leben und Wirken des Philipp Melanchthon. Dr. Martin Luthers theologischer Weggefährte, München 2005.

»Faust« in der bildenden Kunst. Illustrationen zu Johann Wolfgang Goethes »Faust« von ihm selbst und Zeitgenossen. München 2005.

Der Himmel hat viele Gesichter. Gedichte. München 2006.